WHEN HISTORY MEOWS

如果歷史是一群喵 3

秦楚兩漢篇

肥志 編繪

國家圖書館出版品預行編目 (CIP) 資料

如果歷史是一群喵 . 3, 秦楚兩漢篇 (萌貓漫畫學歷史) / 肥志編 . 繪 . -- 初版 . -- 新北市 : 野人文化出版 : 遠足文化發行 , 2019.07
面 ;　公分 . -- (Graphic time ; 8)
ISBN 978-986-384-359-7(平裝)

1. 中國史 2. 通俗史話 3. 漫畫

610.9　　108008770

Graphic Times 08

如果歷史是一群喵 3

秦楚兩漢篇

繪　　者　肥志
編　　者　肥志

社　　長　張瑩瑩
總 編 輯　蔡麗真
責任編輯　徐子涵
行銷企畫　林麗紅
內頁排版　洪素貞
封面設計　周家瑤

出　　版　野人文化股份有限公司
發　　行　遠足文化事業股份有限公司 (讀書共和國出版集團)
地址：231 新北市新店區民權路 108-2 號 9 樓
電話：(02) 2218-1417　傳真：(02) 8667-1065
電子信箱：service@bookrep.com.tw
網址：www.bookrep.com.tw
郵撥帳號：19504465 遠足文化事業股份有限公司
客服專線：0800-221-029
法律顧問　華洋法律事務所　蘇文生律師
印　　製　成陽印刷股份有限公司
初版首刷　2019 年 7 月
初版 23 刷　2024 年 1 月

序

關於人為什麼要學點歷史，英國歷史學家約翰・達爾伯格－阿克頓說過這麼一句話：「歷史不是記憶的負擔，而是心靈的明燈。」說得再通俗點，就是記住前人的對錯，自己好歹也會更睿智一些。

帶著這樣的一點點使命感，《如果歷史是一群喵》進入了第三卷「秦楚兩漢篇」。恰巧，秦和漢就是兩個善於借鑒前人的朝代。

周朝的滅亡，讓秦看清了封王封侯的壞處，於是秦決定廢分封、設郡縣，統一由「公務員」管理國家；而漢就像是秦的2.0版本，修復了暴政的漏洞，又用儒學統一思想，為後來的唐、宋、元、明、清樹立了統治的榜樣。

話雖如此，可還是有人會問：通過這段陳年往事，我們到底能學到些什麼？

想了很久，我得出一個答案，那就是歷史或許可以幫助我們學到一些面對問題的態度。想像一下，秦漢兩個朝代都面臨著一個生死攸關的問題——如何統治一個幅員遼闊的國家。沒有老師告訴它們該怎麼做，也沒有標準答案可以參考。一切就像一場大試驗，只能摸著石頭過河，稍有不慎，就可能萬劫不復。

這段不尋常的歷史，讓我們不再滿足於人物故事的描繪。這一次，我們還想通過自己的努力勾勒出一點它演化的脈絡，讓讀者朋友們理解兩個朝代的奮鬥和興衰。

為此，我們一如既往地埋頭在書堆裡，揮別《史記》之後，又迎來了《漢書》、《後漢書》等更多的史料，希望能夠將一段有趣又明瞭的秦漢歲月呈現給大家。

最後，衷心感謝所有喜歡和支持《如果歷史是一群喵》的讀者朋友，我們收穫到了足夠多的溫暖和幸福。

下回再見。

目錄

正文讀取順序從左往右，
對白、注釋以及編者按讀取順序從右往左。

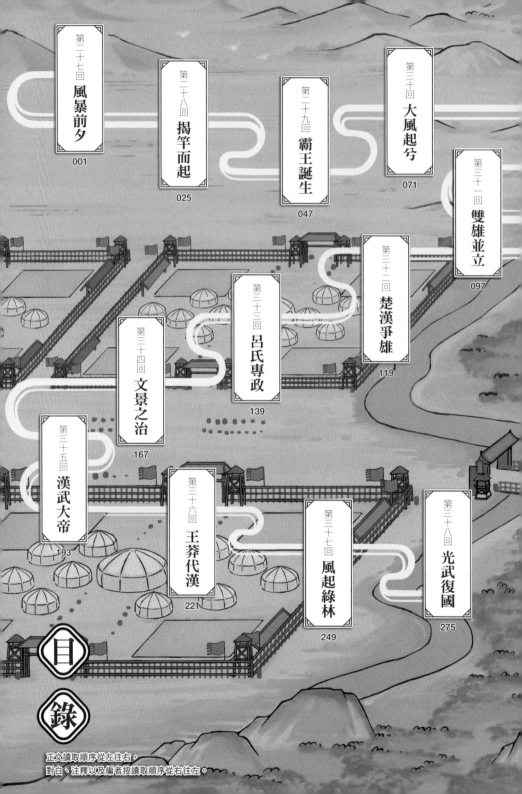

第二十七回 ◉ 風暴前夕

經過數百年的**邦國混戰**，

《講談社．中國的歷史03．始皇帝的遺產：秦漢帝國》：「有學者稱秦的統一是繼商周時代『有著廣大統治區域的統一王朝』之後，又經歷『充滿了戰亂和分裂』的東周時代，實現的重新統一（李學勤《東周與秦代文明》）。」

秦，最後脫穎而出。

人民教育出版社《義務教育教科書．歷史七年級上冊教師教學用書》：『戰國後期，秦國成為諸侯國中勢力最強的國家。』

天下土地**盡收**囊中。

人民教育出版社《義務教育教科書．歷史七年級上冊教師教學用書》：「經濟和軍事力量超過了六國，具備了統一六國的條件。」

大秦，

一個無比**巨大**的**帝國**橫空**出世**。

人民教育出版社《義務教育教科書・歷史七年級上冊教師教學用書》：

「秦王嬴政即位後……先後攻滅了韓、趙、魏、楚、燕、齊六國，建立統一的秦朝。」

然而，如此之大的一個**帝國**……

《史記・秦始皇本紀》：

「六合之內，皇帝之土。西涉流沙，南盡北戶。東有東海，北過大夏。人跡所至，無不臣者。」

該如何維持它的統治呢？

對於**秦國**來說，

統治面臨的**威脅**主要來自三方面。

一是草民**造反**；

人民教育出版社《義務教育教科書‧歷史七年級上冊教師教學用書》：「秦朝的殘暴統治和對人民無限制的搜刮，給廣大人民帶來了無窮的災難，激化了社會矛盾。」

二是六國**復辟**；

白壽彝《中國通史》：「山東六國滅亡之後，秦統治集團與六國貴族地主之間的衝突並沒有結束……原六國有不少貴族和官僚深藏著強烈的反秦意識，並企圖待機而起。」

還有就是外族**入侵**。

（法）魯保羅《西域文明史》：「中國中原人稱之為「胡人」的那些人，始終都在侵犯其南部的定居民地區。」

外族的侵略，始皇帝倒是不怕……

《講談社．中國的歷史03．始皇帝的遺產：秦漢帝國》：「秦像曾經提出解放六國民眾的大義名號那樣，提出了『放逐蠻夷』這種新的大義口號。」

畢竟帝國大軍多的是。

（打就是了……）

《講談社．中國的歷史03．始皇帝的遺產：秦漢帝國》：「秦始皇派將軍蒙恬率兵三十萬出擊匈奴……秦發兵五十萬，在南方開始了對百越的戰爭。」

所以最需要注意的還是內部的統治。

白壽彝《中國通史》：
「秦統治者必須儘快建立足以控制全國的封建朝廷，構築起從朝廷到地方的各級政權機關。」

於是乎，
始皇帝**廢分封行郡縣**。

人民教育出版社《義務教育教科書．歷史七年級上冊教師教學用書》：
「秦王嬴政吸取歷史教訓，廢除分封制，防止諸侯割據，創立了一套中央集權制度。」

由**中央**指定**官員**去管理**地方**，

人民教育出版社《義務教育教科書．歷史七年級上冊教師教學用書》：
「在地方，廢分封，設立郡縣，所有官員均由皇帝直接任免。」

加強中央對地方的**控制**。

林劍鳴《秦漢史》：
「秦王朝建立後，就在原來秦國的基礎上建立和完善了從中央到地方的一整套統治機構……而整個統治機器的最高統治權控制在皇帝一人手中。」

修建**「馳道」**和**「靈渠」**，

（就是高速公路和河道。）

《史記·秦始皇本紀》：
「始皇二十七年……治馳道。」
人民教育出版社《義務教育教科書·歷史七年級上冊教師教學用書》：
「鞏固統一的措施，軍事上，奪取河套和修築長城；統一南方，修築靈渠。」

方便**軍隊**從水陸兩面快速**抵達戰場**。

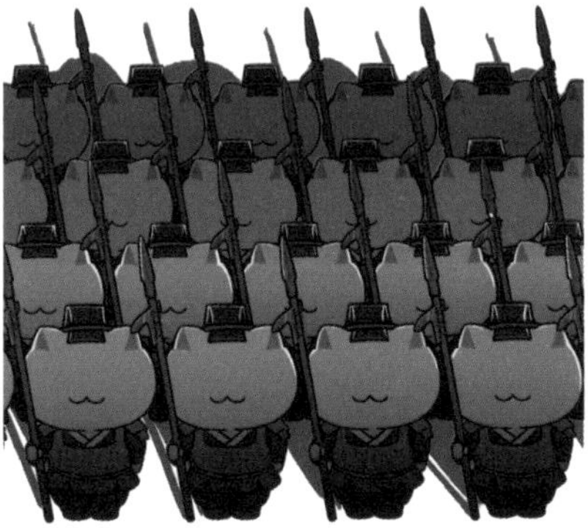

林劍鳴《秦漢史》：
「將嶺南的道路同始皇所修的馳道聯繫起來，從而使秦王朝統治中心——咸陽與南部邊疆的聯繫暢通無阻。」「靈渠的修成，為秦軍……的勝利創造了重要條件……糧食、給養通過水道源源不斷地運來，保障了秦軍作戰的需用。」

拆毀原來六國的**城郭要塞**，

羅哲文《羅哲文談長城》：
「秦始皇在統一天下之後，
立即下令拆毀內部各國的
長城、關隘。」

讓六國**舊址**沒了**抵禦**的能力。

《史記·秦始皇本紀》：
「墮壞城郭，決通川防，夷
去險阻。」
羅哲文《羅哲文談長城》：
「『墮壞城郭，決通川防，
夷去險阻』就是拆除六國互
防的長城、關隘和防禦性城
垣等設施。」

沒收全國民間**兵器**，

《過秦論》：
「收天下之兵，聚之咸
陽。」

讓人民**沒了武裝**。

《過秦論》：「銷鋒鏑，鑄以為金人十二，以弱天下之民。」

將天下富商**遷入國都**，

周積明、宋德金《中國社會史論》：「（秦始皇）還把六國的富商大賈遷徙到咸陽。」

讓地方**沒了資金**。

朱堅真《中國商貿經濟思想史綱》：「為了『強本弱枝』，削弱被消滅的各諸侯國所在地的經濟力量，防止各諸侯的復辟……便把各國的富豪十二萬戶遷徙到咸陽等地。」

當據點、武器、資金，這一切**都沒了**後……

巡遊全國，**威懾**天下！

白壽彝《中國通史》：
「始皇滅六國後，先後五次大規模地出巡。」

那麼秦始皇的做法，

鞏固統一了嗎？

白壽彝《中國通史》：
「秦始皇嚴刑酷罰，以暴力治天下，自以為可以鞏固自己的統治。」

沒有……

他倒是把自己**累死**了……

白壽彝《中國通史》：「始皇於三十七年病死於沙丘平臺。」

那麼做了**這麼多**事情，
為啥秦還是走向了**滅亡**呢？

朱增泉《戰爭史筆記》：「曾經在軍事上無敵於天下的秦王朝，建立才十多年，一場滅秦之戰……摧枯拉朽，把秦王朝說滅亡就滅亡了。」

有**兩個**原因！

第一，

秦始皇**到死**都**沒有公開**指定**繼承人，**

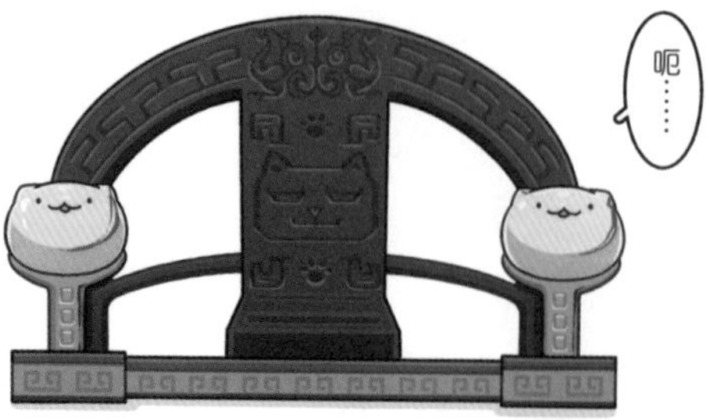
呃……

《史記．李斯列傳》：
「上崩，賜長子書，與喪會咸陽而立為嗣。書未行，今上崩，未有知者也。」

致使**奸臣**佞相**禍亂**朝政。

你爸死了，國家是你的啦！
小心你的兄弟們，他們是威脅……

《史記．秦始皇本紀》：
「高乃與公子胡亥、丞相斯陰謀破去始皇所封書賜公子扶蘇者，而更詐為丞相斯受始皇遺詔沙丘，立子胡亥為太子。更為書賜公子扶蘇、蒙恬，數以罪，賜死。」

第二，

秦法**嚴苛**，人民**難過**……

秦律

白壽彝《中國通史》：
「始皇的暴虐統治，直接把人民驅逐到了他的對立面。」

自**商鞅變法**以來，

秦國強調的就是權力的**集中**。

國務院發展研究中心研究叢書《改革方法論與推進方式研究》：「（商鞅變法）徹底廢除分封制，全面推廣縣制……加強中央集權。」

也就是上面**說啥就是啥**，**不許**幹別的。

《史記・商君列傳》：「為私鬥者，各以輕重被刑大小。」「秦人皆趨令。」

讓國民用力**種田**，使勁**打仗**。

《史記・商君列傳》：「有軍功者，各以率受上爵……僇（戮）力本業，耕織致粟帛多者復其身。」

要是**不聽話**，就往死裡**懲罰**。

國務院發展研究中心研究叢書《改革方法論與推進方式研究》：
「（法律條文）一經公布，任何人都必須遵守，否則就會受到懲罰。」

這樣的生活**雖然苦**，但種田能**加官**，砍人能**進爵**。

苦雖苦，忍忍也**還能過**。

《史記·商君列傳》：
「令行於民期年，秦民之國都言初令之不便者以千數。」
國務院發展研究中心研究叢書《改革方法論與推進方式研究》：
「商鞅建立了『論功行賞的賜爵制度』……宗室中非有軍功者不得入公族簿籍，徹底改變依靠血緣關係繼承官位爵位的制度。」

可天下**一統**之後……

傅樂成《中國通史》：
「秦王政二十六年（公元前二二一），秦國統一『天下』的工作完成。」

仗就**不用打**了。

沒了「富國強兵」的**目標**，
這苦日子就顯得**難熬**了……

國務院發展研究中心研究叢書《改革方法論與推進方式研究》：「然而到秦始皇統一六國之後，大一統的天下不再需要這些軍國主義色彩的政治手段。」

更何況那些原本就**不用過**苦日子的
六國喵民們。

於是乎，大家**痛不欲生**……

《鹽鐵論》：「人與之為怨，家與之為仇。」

而**秦帝國**呢？

為了**鞏固**這麼大一個**帝國**——

它**北築長城**，

白壽彝《中國通史》：「秦皇朝建立後，為了強化統治，維護封建國家多民族的大一統局面，秦始皇先後採取過許多重要措施。」「始皇又命蒙恬主持修築了我國歷史上最大的軍事防禦工程——萬里長城。」

南征百越。

白壽彝《中國通史》：「秦併六國後，始皇派人通西南夷。」

而這……這都是

要消耗大量人力物力的……

白壽彝《中國通史》：「秦代的賦稅十分繁重……誠所謂『竭天下之資財以奉其政，猶未足以贍其欲也』。」「秦代的徭役更是繁重到了極點。」

於是乎，

消耗越多民力，人民就越**不爽**。

白壽彝《中國通史》：「秦始皇去世之前，已是民怨沸騰，反者四起。」

不爽怎麼辦？

唯一能用的手段就是**高壓政策**。

國務院發展研究中心研究叢書《改革方法論與推進方式研究》：「秦朝沒有適時調整政策，進行以『治國』為階段性目標的新一輪制度改革。」

秦法的嚴苛**變本加厲**。

天下**苦秦久矣**……

白壽彝《中國通史》：「實行暴政，加強對以農民為主體的勞動人民極其殘酷的壓迫和剝削，實為秦一代政治的一個最突出的特點。」

而就在一次**行軍**中，

因**耽誤**了時間，一群士卒將被治**死罪**。

白壽彝《中國通史》：「行至蘄縣大澤鄉，大雨，道路不能通行。估計不能按期到達。而秦法規定，戍卒失期者皆斬。」

這個事件引出了**一個喵**，
他猶如一顆**火星**。

《史記・陳涉世家》：
「今亡亦死，舉大計亦死，
等死，死國可乎？」
白壽彝《中國通史》：
「由他掀起的反秦浪潮，卻
正以更大的波濤衝擊著秦
政權。」

點燃「倒秦」這個火藥桶。

《過秦論》：
「天下雲集回應，贏糧而景
從。山東豪俊遂並起而亡秦
族矣。」

他是**誰呢？**

《過秦論》：
「甕牖繩樞之子，氓隸之
人，而遷徙之徒也。」

（且聽下回分解。）

編者按

秦始皇十七年（西元前二三〇年）起至二十六年（西元前二二一年）止，前後只用了十年時間，便「初併天下」，統一了六國。軍事統一（滅六國）後，秦還採取了其他措施以鞏固統治：政治統一（建立中央集權制度）、經濟及文化方面的統一（如規範文字、統一貨幣制度、度量衡制度、車軌等）。這些均有利於經濟文化的發展和交流，也為我國長期的統一奠定了基礎。但也有學者認為，「從封建領主制到封建專制主義的道路，是用農民自己的屍骨鋪平的」，「統一戰爭以及後來無止境的徭役中，死亡的農民是不計其數的」。這樣的殘暴統治，也必然為秦的滅亡埋下伏筆。

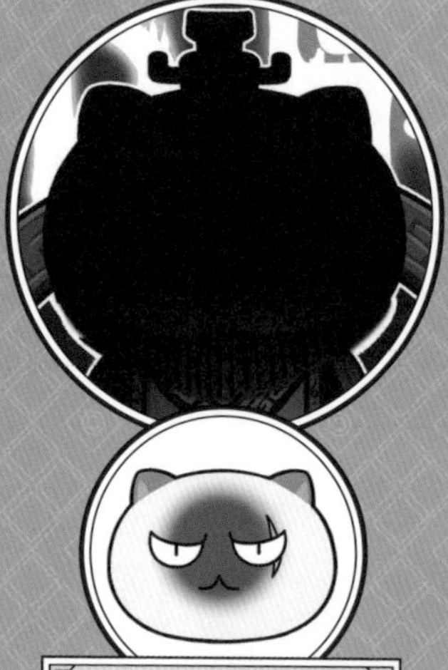

嬴政——煎餅（飾）

參考來源：《史記》、《過秦論》、《鹽鐵論》、《講談社．中國的歷史 03．始皇帝的遺產：秦漢帝國》、人民教育出版社《義務教育教科書．歷史七年級上冊教師教學用書》、白壽彝《中國通史》、魯保羅《西域文明史》、林劍鳴《秦漢史》、羅哲文《羅哲文談長城》、周積明和宋德金《中國社會史論》、朱堅真《中國商貿經濟思想史綱》、朱增泉《戰爭史筆記》、國務院發展研究中心研究叢書《改革方法論與推進方式研究》、傅樂成《中國通史》

附錄

【萬里長城】

春秋戰國時期其實已經有了長城，
秦統一六國後，
把秦、趙、燕三國的
北邊長城連接了起來。

受害人 嬴某
呃……
CAT TV
大型假藥詐騙案
17:39 帶你走進今日說法

【長生不老】

秦始皇投資了很多方士
研究長生不老的仙藥，
最終不但沒成功，
還被騙了很多錢。

【秦二世】

本來秦始皇意將皇位傳給長子，
但最後被小兒子密謀篡奪。

爸爸！
長子扶蘇
幼子胡亥

一群喵檔案

饅頭小劇場

《饅頭的煩惱》

對於饅頭來說，力氣大……有時也挺苦惱……

《減肥的饅頭》

饅頭！有啥辦法可以減肥嗎？
有呀！我最近在用跑步機！
跑步嗎？挺好的！
是呀是呀！很有效！
你是不是對跑步機有什麼誤解？
就是扛起來跑看不見路。

饅頭

天蠍座

生日：10 月 31 日

身高：168 公分

最喜歡的花：桂花

最愛的食物：烤肉

性格特點：大大咧咧，很仗義

（饅頭擬人介紹）

饅頭的店鋪

Mantou's Shop

第二十八回◉揭竿而起

為了**鞏固**帝國的**統治**，秦始皇**大興工程**。

白壽彝《中國通史》：
「秦始皇大興土木，連續不斷地在咸陽及其他許多地方修築宮室殿觀。」
《漢書．食貨志》：
「至於始皇……竭天下之資財以奉其政，猶未足以贍其欲也。」

繁重的徭役下**民不聊生**。

白壽彝《中國通史》：
「秦代的徭役更是繁重到了極點。秦制規定：一般勞動人民年十五始服役，六十歲老免……但實際上除此之外，還有大量的額外徭役，有的甚至不計役期。」

高壓之下，**大秦帝國**如同一個**炸藥桶**。

白壽彝《中國通史》：「始皇的暴虐統治，直接把人民驅逐到了他的對立面，以至出現『人與之為怨，家與之為仇』的局面。」

命運，將會讓**誰**來當這顆**火星**呢？

白壽彝《中國通史》：「只要有人率先振臂高呼，舉起革命的火炬，就必然會使早已出現的分散的點點反秦星火，迅速燃遍各地，使微弱的前奏曲演成威武雄壯的場面。歷史急需這樣的人物，這樣的人物也必然會湧現出來。」

這顆**「火星」**正是**陳勝喵！**

白壽彝《中國通史》：「於是，陳勝、吳廣在大澤鄉振臂高呼一舉拉開了秦末農民戰爭的序幕。」

陳勝喵是一個**小人物**，

白壽彝《中國通史》：
「陳勝，字涉……出生於一個地位極為低下的貧苦農民家庭。」

是帝國徵調**入伍士兵**中的一名。

《史記·陳涉（勝）世家》：
「二世元年七月，發閭左適（謫）戍漁陽，九百人屯大澤鄉。陳勝、吳廣皆次當行，為屯長。」

據說他從小**胸有大志**，

《史記·陳涉世家》：
「陳涉太息曰：『嗟乎，燕雀安知鴻鵠之志哉！』」

就算是給人**打工**……

也常拉著小夥伴發**白日夢**……

有錢了不會忘記你們的！
苟富貴
無相忘

《史記・陳涉世家》：「陳涉少時，嘗與人傭耕，輟耕之壟上，悵恨久之，曰：『苟富貴，無相忘。』」

雖然壓根**沒人搭理**他……

《史記・陳涉世家》：「庸者笑而應曰：『若為庸耕，何富貴也？』」

他是不是又發病了？
別理他，別理他……

可就是這麼一個**無名之輩**，

命運的大手偏偏**讓他**掀開了

一場**變革的序幕**。

就決定是你了！
？

秦末年間，
作為小隊長的**陳勝喵**，
在前往**邊境服役**的路上遇到了**大雨**。

《史記．陳涉世家》：
「公等遇雨，皆已失期。」

天氣惡劣，道路難行，
遲到的後果非常**嚴重**。

《史記．陳涉世家》：
「會天大雨，道不通。」

冷冷的冰雨在臉上
胡亂地拍

他**算了筆帳**……

遲到……

被砍死……

《史記・陳涉世家》：「度已失期。失期，法皆斬。」

造反……

也被砍死……

《史記・陳涉世家》：「舉大計亦死。」

那還有**啥好選？！**

老子造反算了！
都是死嘛！

《史記・陳涉世家》：
「等死，死國可乎？」

儘管如此，陳勝喵還是**心裡忐忑**……

（畢竟人家是第一次……）

呃……

他甚至還**占卜**。

大師……我想造個反……
莫慌莫慌。

《史記・陳涉世家》：
「乃行卜。」

可沒想到竟抽到支**「上上簽」**……

《史記·陳涉世家》：「卜者知其指意，曰：『足下事皆成，有功。』」

為了得到大家的**支持**，

陳勝喵打算來一撥**自我炒作**。

《史記·陳涉世家》：「此教我先威眾耳。」

例如在**魚肚子**裡塞**紙條**。

《史記·陳涉世家》：「乃丹書帛曰『陳勝王』，置人所罾魚腹中。卒買魚烹食，得魚腹中書，固以怪之矣。」

例如**裝狐狸叫**，

《史記．陳涉世家》：「又間令吳廣之次所旁叢祠中，夜篝火，狐鳴呼曰『大楚興，陳勝王。』」

這些**炒作**很有效，陳勝喵就這麼**紅了**……

《史記．陳涉世家》：「卒皆夜驚恐。旦日，卒中往往語，皆指目陳勝。」

而士卒們先是感到了死亡般的**絕望**，

死罪

白壽彝《中國通史》：

「按照秦代法律的規定，誤期就要一律處斬。死亡威脅著每一個人。」

然後遇到了**天選**般的**陳勝喵**。

白壽彝《中國通史》：

「紛紛傳說著與他有關的『丹書』、『狐鳴』的奇聞異事。這時，在戍卒心目中，陳勝顯然已是一位具有神奇色彩的人物了。」

神聖
這傢伙怎麼回事？
好耀眼！

種種事蹟，

讓一行的九百多名**士卒**一下子

就**響應**了陳勝喵的**號召**。

求帶！
大哥！
愛你！
哥們！

《史記・陳涉世家》：

「徒屬皆曰：『敬受命。』」

於是，他們拿起手中的**木棒**宣佈**起義**。

白壽彝《中國通史》：「陳勝自立為將軍，吳廣為都尉，斬木為兵，揭竿為旗，迅速組織起一支農民起義軍。」

嗯……不過……

就靠手上的**木棒**，打得過人家**尖兵利器**嗎？

喀喀……

還真**打得過**……

白壽彝《中國通史》：「起義軍進展迅速，屢戰皆捷。」

大概連陳勝喵自己也**想不明白**，

他們這麼一群**「烏合之眾」**，
不僅**攻無不克**，還**得到**了很多喵民的**響應**。

《史記·陳涉世家》：
「攻大澤鄉，收而攻蘄。蘄下，乃令符離人葛嬰將兵徇蘄以東。攻銍、酇、苦、柘、譙皆下之。」
白壽彝《中國通史》：
「陳勝、吳廣領導的農民起義爆發之後，立即如燎原烈火，四處燃燒起來。」

沒多久……
就從九百人的**散兵**一下**變成**了幾萬人的**軍隊**。

《史記·陳涉世家》：
「比至陳，車六七百乘，騎千餘，卒數萬人。」

十來天的時間就**橫掃數百里**，

甚至直接**打到**帝國的**大本營**裡去……

《史記．陳涉世家》：

「周文，陳之賢人也……陳王與之將軍印，西擊秦。行收兵至關，車千乘，卒數十萬，至戲，軍焉。」

從陳勝喵的**過往來看**，

他不過是個**普通的士卒**。

《講談社·中國的歷史03·始皇帝的遺產：秦漢帝國》：「七月，遣送去今天北京附近漁陽屯守邊境的九百多人……陳勝、吳廣是當時帶隊的小頭目。」

不僅**窮**……

《過秦論》：「然陳涉甕牖繩樞之子。」

甚至也**沒啥才能**……

《過秦論》：「才能不及中人，非有仲尼、墨翟之賢，陶朱、猗頓之富。」

可他的**行動就像**掉進火藥桶的**火星**，

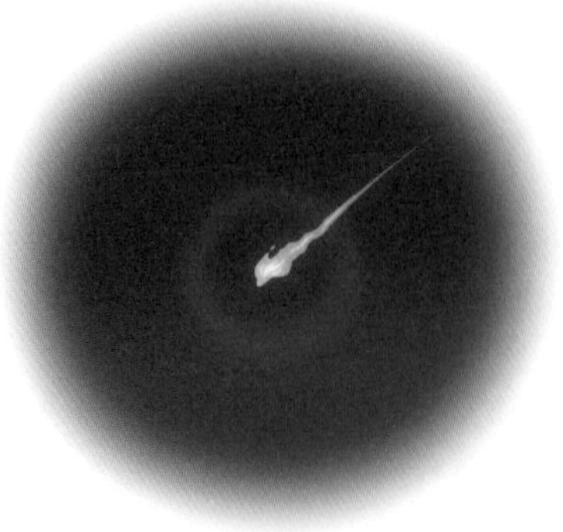

中共周口市委辦公室《周口名人》：
「陳勝起義，並建立了張楚政權，震動了全國。」

瞬間**引爆**了全帝國的**倒秦運動**。

《史記・陳涉世家》：
「當此時，諸郡縣苦秦吏者，皆刑其長吏，殺之以應陳涉……楚兵數千人為聚者，不可勝數。」
白壽彝《中國通史》：
「農民大起義的風雷，攪動了社會的各個階級與階層。」

天下苦秦久矣。
華夏歷史上**第一場**大規模**農民起義**，
從此**拉開了序幕**。

白壽彝《中國通史》：
「在秦始皇去世之前，已是民怨沸騰。」
中共周口市委辦公室《周口名人》：
「陳勝……掀起了中國歷史上第一次農民起義的偉大革命風暴。」

一時間各路**英雄豪傑**紛紛**順勢而起**。

白壽彝《中國通史》：「反秦起義席捲各地，『從之者如流水』……當時，全國確已形成了天下共起反秦的形勢。」

偌大的**大秦帝國**開始**土崩瓦解**，
各方勢力的**目標**只有一個！
推翻暴秦！

白壽彝《中國通史綱要》：「反秦洪流成為越來越強大的力量。」

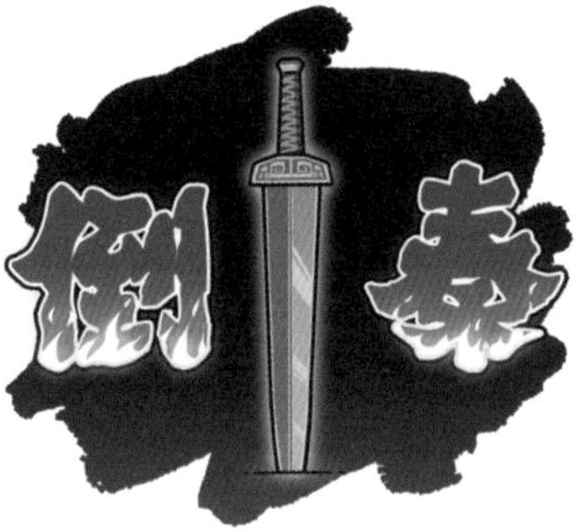

而這其中，一個**少年霸主**，
正漸漸**嶄露頭角**。
他是**誰呢？**

白壽彝《中國通史》：「隨著他的起義……東南江淮一帶的廣大地區很快就形成了反秦鬥爭的熱潮。」

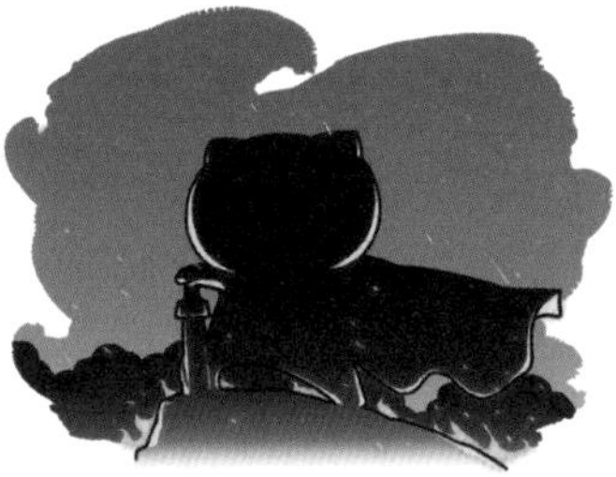

（且聽下回分解。）

編者按

「失期當斬」歷來都被視為秦法嚴苛的寫照以及陳勝吳廣揭竿而起的誘因。但近年來，有歷史愛好者以考古發現的《睡虎地秦簡‧傜律》為依據，提出「傜役失期」只罰沒財物、罪不至死，斷定陳勝吳廣起義別有用心。其實，這是對《傜律》的誤解。西漢以前，「傜」很少與「役」連用。「傜」本指力役，即修建城牆和宮苑等體力勞動；而「役」則是指像陳勝吳廣這樣去漁陽戍邊的軍事徵調。所以，不論從《傜律》的內容還是標題看，其都不適用於戍邊誤期。此外，《傜律》成書於戰國晚期及秦始皇時期，對秦二世時期的狀況並無記載。而根據《史記‧秦始皇本紀》中「二世還咸陽……用法益刻深」的描述，可判斷陳勝吳廣起義時的秦法比之前已更加嚴苛。無論如何，正是陳勝吳廣起義最先創造亡秦勢力，為後來的各方英雄並力推翻秦的暴政留下了契機。此功績，不容置疑。

陳勝——水餃（飾）

參考來源：《漢書》、《史記》、《過秦論》、《講談社‧中國的歷史03‧始皇帝的遺產：秦漢帝國》、白壽彝《中國通史綱要》及《中國通史》、中共周口市委辦公室《周口名人》

附錄

【陳勝之死】

陳勝當王不到六個月，
被自己的車夫殺死。
車夫殺了他之後投降了秦軍。

【囚犯部隊】

陳勝的軍隊攻入關中，
一度迫使秦軍不得不
把武器發給囚犯倉促應戰。

【漢的祭奠】

雖然陳勝反秦失敗，
卻打開了滅秦的契機。
漢朝為了表彰他，
封其為「隱王」並派專人為他守陵。

一群喵檔案

水餃小劇場

《水餃的生日 1》

我是水餃，今天是四月一日愚人節。
也是我的生日。
我很渴望別人的祝福。
瓜子！我今天生日啦！
哦！
特別渴望……
饅頭！我今天生日啦！
哦！
可就是沒人信……

《水餃的生日 2》

我是水餃，因為生日是愚人節……
從小到大，我都沒過過生日。
看來今年……
也一樣……
生日快樂！
原來今年不一樣……
大家……
有你們！

水餃

白羊座

生日：4 月 1 日

身高：177 公分

最喜歡的花：茉莉

最愛的食物：炸雞

性格特點：有點孩子氣，很陽光

（水餃擬人介紹）

水餃的店鋪

Shuijiao's Shop

第二十九回◉霸王誕生

秦朝**末年**，

由於長期的**殘暴統治**，

人民教育出版社《義務教育教科書．歷史七年級上冊教師教學用書》：「秦朝的殘暴統治……對人民無限制的搜刮。」

喵民們**受盡壓迫**。

人民教育出版社《義務教育教科書．歷史七年級上冊教師教學用書》：「給廣大人民帶來了無窮的災難，激化了社會矛盾。」

所謂**官逼民反**，

反抗的勢頭一旦燃起，

瞬間變得**無法控制**。

白壽彝《中國通史》：「農民大起義的風雷，攪動了社會的各個階級與階層。」

大秦所擔憂的事，

不斷出現。

全國**各地起義**。

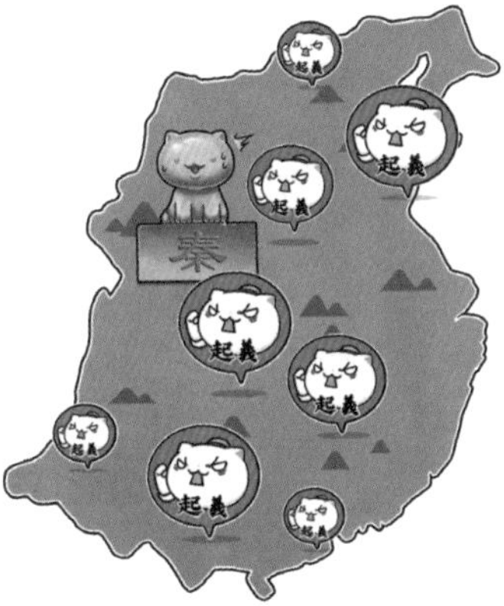

白壽彝《中國通史》：「陳勝的反秦起義，並沒有因秦二世的蔑視與否認而中止。相反，它如燎原烈火，迅猛異常。」

《過秦論》：「天下雲集回應，贏糧而景從。」

六國遺族也紛紛**復辟**。

《講談社·中國的歷史03·始皇帝的遺產：秦漢帝國》：「以陳勝稱陳王為契機，燕、趙、齊、楚、韓、魏也相繼稱王，舊六國由此復活。」

白壽彝《中國通史》：「六國舊貴族捲入反秦的激流。」

鬧心啊……

然而，

第一階段的倒秦運動，雖然**聲勢浩大**，

白壽彝《中國通史》：
「陳勝以陳為中心，迅速組織起義軍和各地反秦武裝，分途出擊，從幾條戰線上向秦皇朝及其統治地區發起攻勢。」

但**不敵**精銳的**帝國軍隊**。

《講談社．中國的歷史 03．始皇帝的遺產：秦漢帝國》：
「但是，十二月，陳勝被殺害……僅僅六個月短命王朝就此結束。此時，秦將軍章邯發動反擊，秦暫時取得優勢。」

為了**提高戰鬥力**，

各路倒秦勢力開始**凝聚**起來。

白壽彝《中國通史》：「為了穩定人心，增強起義軍自身的內聚力，（梁）決定『召諸別將會薛計事』，共謀反秦大略。」

在這之中，

高舉**楚國**旗幟的起義軍最為**勇猛**。

白壽彝《中國通史》：「如果說，這場革命戰爭在此（薛城之會）以前，是以陳勝為首領和旗幟；那末（麼），自此以後的一段時間內，則是以項梁（楚）為盟主了。」

這關係到一個**將領**。

他就是**項羽喵**！

項羽

白壽彝《中國通史》：「項羽的功績則是彪炳史冊，不可磨滅的。他不愧為秦末農民起義的傑出首領。」

老項家**世代**都是**楚將**。

《史記．項羽本紀》：「項氏世世為楚將。」

項羽喵的爺爺在當年秦國滅楚時，就是有名的**抗秦將領**。

快帶大王走！
我要炸死這幫渾蛋！

《史記．項羽本紀》：「其季父項梁，梁父即楚將項燕。」

所以在**楚國**人民心中，
老項家**威望很高**。

翦伯贊《秦漢史》：
「憑著項燕的招牌，就足以號召楚國的人民來加入他（反秦）的隊伍。」

項羽喵天生**魁梧聰穎**。

《史記．項羽本紀》：
「籍長八尺餘，力能扛鼎，才氣過人。」

可是呢……
這傢伙**又浪蕩又不愛念書**……

林劍鳴《秦漢史》：
「少年時，羽學書、學劍均不成。」

文化

《史記・項羽本紀》：「項籍少時，學書不成。」

兵法

《史記・項羽本紀》：「乃教籍兵法。」

不愛！

《史記．項羽本紀》：
「略知其意，又不肯竟學。」

反正就是啥都看不上。

《史記．項羽本紀》：
「籍曰：『書足以記名姓而已。劍一人敵，不足學。』」

有一次他在看到**秦始皇出巡**時，

《史記．項羽本紀》：
「秦始皇帝游會稽，渡浙江，梁與籍俱觀。」

突然說了一句：

《史記．項羽本紀》：
「籍曰：『彼可取而代也。』」

嚇得他叔叔趕緊**捂住**他的**嘴**。

《史記．項羽本紀》：
「梁掩其口，曰：『毋妄言，族矣！』」

然而這樣的一個人，
在戰場上幾乎**戰無不勝**。

《史記．項羽本紀》：
『使項羽別攻襄城，襄城堅守不下。已拔。』

倒秦運動爆發後，

項羽喵就和**八千**子弟兵**起義**。

《史記．項羽本紀》：
「遂舉吳中兵。使人收下縣，得精兵八千人。」

還擁立了**楚王**作為**旗號**。

《史記．項羽本紀》：
「乃求楚懷王孫心民間，為人牧羊，立以為楚懷王，從民所望也。」

一路**過關斬將**。

可你要知道，**大秦軍團**也不是**吃素的**。

主力大軍一到，

其他的起義軍就被打得**嗷嗷直叫**。

《史記・項羽本紀》：

「秦果悉起兵益章邯，擊楚軍，大破之定陶，項梁死。」

同樣**復辟**的**趙國起義軍**，

甚至被**圍了起來**。

《史記・項羽本紀》：

「（秦軍）乃渡河擊趙，大破之。」「當此時，趙歇為王，陳餘為將，張耳為相，皆走入鉅（巨）鹿城。」

這個地方就是**巨鹿**。

《史記・項羽本紀》：
「章邯令王離、涉間圍鉅（巨）鹿。」

因為**秦軍的強悍**，

其他的起義軍**完全不敢去救**。

《史記・項羽本紀》：
「諸侯軍救鉅（巨）鹿下者十餘壁，莫敢縱兵。」

倒是**項羽喵**帶著軍隊就**衝過去**……

《史記．項羽本紀》：
「因置以為上將軍，項羽為魯公，為次將，範增為末將，救趙。」

去之前還把逃走用的**船**、吃飯用的**鍋**……

全砸了！

《史記．項羽本紀》：
「項羽乃悉引兵渡河，皆沉船，破釜甑，燒廬舍，持三日糧。」

意思就是──

要是
打不死你
老子就不回去了!!

《史記・項羽本紀》：「以示士卒必死，無一還心。」

等一下……

你不想回去，你的**士兵想啊！**

老大!!
冷靜啊!!

在這種**沒退路**的情況下，

士兵們果然**戰鬥力爆表**。

上啊！沒後路了！
媽呀！

《史記・項羽本紀》：「楚戰士無不一以當十，楚兵呼聲動天。」

愣是以**5萬**起義軍戰勝了**40萬**秦軍。

那邊怎麼回事？打個仗這麼認真？
快跑啊！

人民教育出版社《義務教育教科書‧歷史七年級上冊教師教學用書》：「項羽率領的五萬楚軍同秦將章邯所率的四十餘萬秦軍主力在巨鹿交戰。項羽破釜沉舟，打敗二十萬秦軍，使秦軍受到嚴重損失，並迫使另二十萬秦軍不久投降。」

經過**這一戰**，項羽喵**名聲大噪**。

戰神

人民教育出版社《義務教育教科書‧歷史七年級上冊教師教學用書》：「經此一戰，項羽確立了在各路義軍中的領導地位。」

史稱**巨鹿之戰**！

巨鹿之戰

《2016年全國碩士研究生入學統一考試歷史學基礎名詞解釋》：「秦末起義軍與秦軍主力之間的一次決定性戰役。項羽……率軍與秦決戰，大破秦軍……解巨鹿之圍。」

那些**沒有出手**抗秦的諸侯，
紛紛對項羽喵**表示折服**。

《史記・項羽本紀》：
「項羽召見諸侯將，入轅門，無不膝行而前，莫敢仰視。」

項羽喵一躍成為了**起義軍「盟主」！**

《史記・項羽本紀》：
「項羽由是始為諸侯上將軍，諸侯皆屬焉。」

而經過**巨鹿一戰，**
秦軍**主力**被**消耗殆盡**。

白壽彝《中國通史》：
「（巨鹿之戰）一舉消滅秦鎮壓農民起義的全部主力，取得了反秦鬥爭決定性的勝利。」

大秦帝國從此**失去**了翻身的**機會**……

人民教育出版社《義務教育教科書·歷史七年級上冊教師教學用書》：

「經此一戰……秦朝名存實亡。」

項羽喵領導著起義大軍**開始西進**，

白壽彝《中國通史》：

「項羽消滅王離、章邯軍之後，也加緊向西進軍。」

打算把皇都裡的秦王**一舉消滅**。

然而，他**不知道**……

當他與秦軍主力在巨鹿拼死**決戰之時**，

一個人已經趕在**他的前面，西入秦關**。

白壽彝《中國通史》：「就在項羽北上救趙時，他則分道揚鑣，走上了西入關中的征程。」

親手滅掉了秦國。

白壽彝《中國通史》：「（巨鹿之戰）為其入關，推翻秦皇朝創造了極為有利的條件。」

這個人是誰呢？

（且聽下回分解。）

編者按

項羽的早年生活離不開一個重要人物——項梁。他自幼便與叔叔項梁一起生活，讀書識字、行兵佈陣，都是項梁教的。大澤鄉起義後，項羽跟著項梁起兵。陳勝敗亡後，項梁成為反秦軍實際上的首領，項羽則一直在項梁的領導下帶兵打仗，直到項梁遇襲被殺。

巨鹿之戰時，項羽以次將軍的身份，隨上將軍前去救趙。當時，上將軍宋義停兵四十六天，不肯發動進攻。項羽當機立斷，殺宋義，奪帥印，破釜沉舟，大敗秦軍。這一戰不僅扭轉了整個反秦戰爭的戰局，也凸顯了項羽的神勇與果決。

項羽——油條（飾）

參考來源：《史記》、《過秦論》、《講談社·中國的歷史 03·始皇帝的遺產：秦漢帝國》、《2016年全國碩士研究生入學統一考試歷史學基礎名詞解釋》、白壽彝《中國通史》、翦伯贊《秦漢史》、林劍鳴《秦漢史》、人民教育出版社 《義務教育教科書·歷史七年級上冊教師教學用書》

附錄

【戰神項羽】

項羽戰鬥力很強，
據記載，
他憑藉一己之力
就可以打敗近百人。

【烏騅神駒】

項羽有一匹神馬叫「騅」，
一說「烏騅」。
跟著項羽征戰五年，
可以日行千里。

【牧羊楚王】

項羽擁立的楚王是楚懷王的孫子，
沒被擁立前以牧羊為生。

一群喵檔案

麻花小劇場

《規律男孩》

六點鐘準時起床！今天也要做更好的自己！
在泡麵泡好之前做完所有家務！不浪費任何時間！
早飯過後是晨跑時間！絕對不能鬆懈！

《晨跑》

你說什麼！
身為一個男人，怎麼可以因為這點小雨就放棄晨跑呢？
呃……
我們不是約定好每天都要晨跑的嗎？
這正是考驗我們的時候啊！
可……可是……
就算你不去，我也會去的！
沒有什麼東西可以打倒我！
喂？
第二天

麻花

摩羯座

生日：12 月 24 日

身高：178 公分

最喜歡的花：雛菊

最愛的食物：泡麵

性格特點：靦腆善良，膽小卻很堅強

（麻花擬人介紹）

麻花的店鋪
Mahua's Shop

第三十回 ◉ 大風起兮

秦末無道，使天下百姓陷於**水深火熱**中。

《新語》：
「秦非不欲為治，然失之者，乃舉措暴眾而用刑太極故也。」

自從反秦第一炮打響之後，

白壽彝《中國通史》：
「陳勝、吳廣在大澤鄉振臂高呼一舉拉開了秦末農民戰爭的序幕。」

天下英豪皆**奮起倒秦**。

人民教育出版社《義務教育教科書·歷史七年級上冊教師教學用書》：
「陳勝吳廣……政權建立後，各地貧苦農民和其他反秦勢力，紛紛舉兵回應起義。」

大**起義**的烽火很快就**燃遍了**整個**秦國**。

林劍鳴《秦漢史》：
「大澤鄉燃起的革命烽火，飛速地蔓延到全國大部分地區……形成了全國性的偉大的農民戰爭。」

在起義軍的**不斷猛攻**下，
秦王朝的**統治**日漸**瓦解**。

《淮南子》：
「攻城掠地，莫不降下。」
林劍鳴《秦漢史》：
「在農民起義軍的沉重打擊下……秦王朝已處於土崩瓦解之中。」

滅秦，就只缺**臨門一腳**了。

那麼最後滅了秦的本場**MVP***究竟是**誰呢**？

《史記·秦始皇本紀》：「楚兵已屠關中，真人翔霸上，素車嬰組，奉其符璽，以歸帝者。」

*MVP：「Most Valuable Player」的英文縮寫，意指最佳選手。

他正是**劉邦喵！**

《史記·高祖本紀》：「漢元年十月，沛公兵遂先諸侯至霸上。秦王子嬰素車白馬，系頸以組，封皇帝璽符節，降軹道旁。」

劉邦喵**既不是**謀略家，

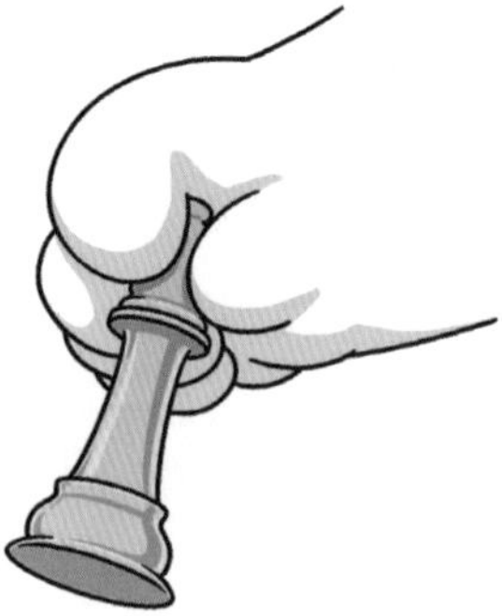

《史記·高祖本紀》：「夫運籌策帷帳之中，決勝於千里之外，吾不如子房。」

也不是戰神。

《史記·高祖本紀》：「連百萬之軍，戰必勝，攻必取，吾不如韓信。」

而是個……「流氓」……

劉邦喵**出身低微**，

《講談社·中國的歷史03·始皇帝的遺產：秦漢帝國》：「劉邦……身份低得甚至連父母姓名也未能留於史冊。」

原名叫**劉季**。

《史記・高祖本紀》：「高祖，沛豐邑中陽裡人，姓劉氏，字季。」

季就是排行**最小**的意思。

《中華傳統文化辭典》：「伯仲叔季，兄弟行輩中長幼排行的次序，伯是老大，季最小。」

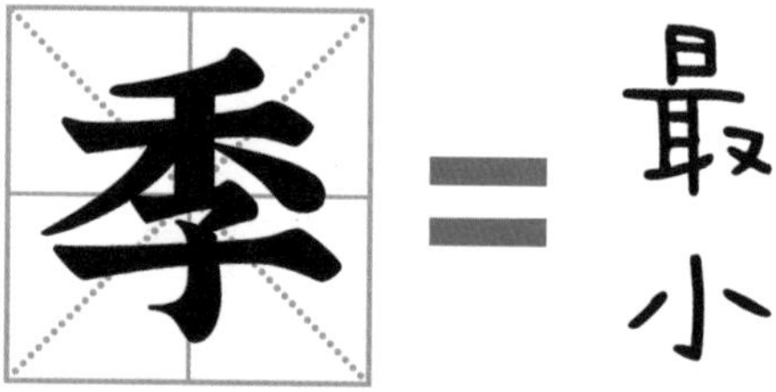

其實比「張三」「李四」**沒好多少**……

劉邦喵從小就**好吃懶做**，

《史記·高祖本紀》：
「不事家人生產作業。」

不是出去**放浪**，就是出去**喝酒**……

《史記·高祖本紀》：
「好酒及色。」

然而這樣的一個**「鹹魚」**倒是很**講義氣**。

（起碼剛開始那會兒是這樣。）

《史記·高祖本紀》：
「仁而愛人，喜施，意豁如也。」

成年後的劉邦喵在鄉下做了個**小官**。

《史記．高祖本紀》：
「及壯，試為吏，為泗水亭長。」

有一次他負責**押送犯人**，

《史記．高祖本紀》：
「高祖以亭長為縣送徒酈山。」

可距目的地還有好遠，
犯人……就已經**逃了大半**……

《史記．高祖本紀》：
「徒多道亡。」

要知道那會兒讓**犯人跑了**，可是**死罪**……

林劍鳴《秦漢史》：「身負押送之責的劉邦『自度比至皆亡之』，到時他也交不了差，要受嚴懲。」

怎麼辦呢……

是的，這傢伙**乾脆**把剩下的**全放**了……

（你沒聽錯！）

《史記．高祖本紀》：「夜乃解縱所送徒。」

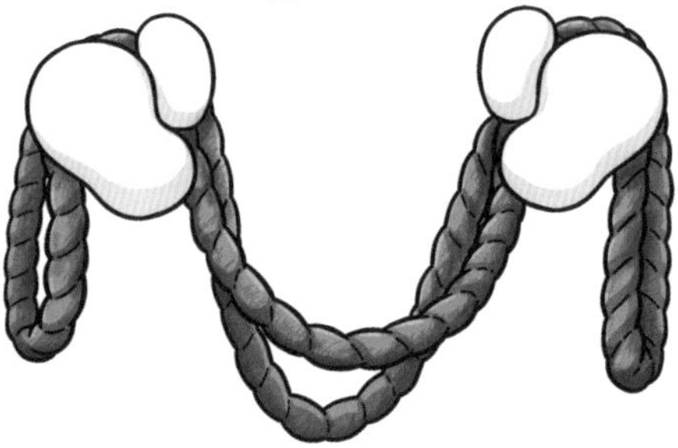

然後表示——

《史記．高祖本紀》：「曰：『公等皆去，吾亦從此逝矣！』」

這樣一個**「傻子」**讓犯人們很是**暖心**……

《史記・高祖本紀》：「徒中壯士原從者十餘人。」

於是乎，**劉邦喵**從此成了這支隊伍的**老大**。

帶著大家一起**東躲西藏**……

《史記・高祖本紀》：「高祖……亡匿，隱於芒、碭山澤岩石之間。」

然而，開掛*的人生就是那麼湊巧。

因為劉邦喵沒逃多久，**秦國**就**「炸」**了……

《史記·高祖本紀》：「秦二世元年秋，陳勝等起蘄，至陳而王，號為『張楚』。」

* 開掛：流行用語，多應用於當一個人獲得不可思議的驚人成績時，讓人以為是通過作弊獲得的。

全國各地開始大規模的**反秦運動**。

《史記·高祖本紀》：「諸郡縣皆多殺其長吏以應陳涉。」

劉邦喵也跟著起兵**出來造反**。

《史記・高祖本紀》：「乃立季為沛公……攻胡陵、方與，還守豐。」

但跟**其他**的起義軍首領**相比**……

劉邦喵別說帶兵了……

武力值都**弱到不行**……

白壽彝《中國通史》：「劉邦從起兵以來，幾乎所有的勝招，都是別人的主意。」

然而這傢伙知道自己弱，
倒是非常願意**聽取**別人的**意見**。

林劍鳴《秦漢史》：
「（劉邦）奉行唯才是用的方針，不論資格，不分領域……人才均破格選用。」

久而久之，
劉邦喵的身邊**匯聚**了大大小小**各種人才**。

《講談社・中國的歷史03・始皇帝的遺產：秦漢帝國》：
「劉邦的集團中，除了一些下級官吏之外，彙聚了各種職業的人物。」

不但**口碑好**，隊伍還**不斷壯大**。

林劍鳴《秦漢史》：
「沒有幾年已聚眾『數十百人矣』。」

在當時的情況下，
秦帝國受到的**壓力非常大**。

林劍鳴《秦漢史》：「農民大起義……如決堤之水，勢不可擋。」

一方面**領導人**每天**只顧著玩**，

林劍鳴《秦漢史》：「自以為穩坐帝位的（秦）二世，對起義軍十分輕視。」

一方面起義軍**規模龐大**。

面對這樣的**局勢**，
起義軍決定**分兵作戰**。

呂思勉《白話本國史》：
「有人主張分兵兩支：一支去攻秦，一支去救趙。」

一邊**北進**迎戰秦國的**主力**，

《史記．高祖本紀》：
「懷王乃以宋義為上將軍，項羽為次將，範增為末將，北救趙。」

另一邊則**西進**攻打秦國的**老巢**。

《史記．高祖本紀》：
『令沛公西略地入關。』

劉邦喵就是**西進**的那一個！

《史記・高祖本紀》：
「沛公引兵西。」

他憑著自己識**好歹**、聽意見的**「方針」**……

白壽彝《中國通史》：
「（劉邦）知人善任、善於採納部下諫議。」

遇到**阻礙**了，

老大！

林劍鳴《秦漢史》：
「劉邦的義軍與秦軍戰鬥不能取勝，攻昌邑也不克。」

問人**「怎麼辦」**。

怎辦？
知道知道！這不是在想嗎？

林劍鳴《秦漢史》：
「酈食其向劉邦獻策……劉邦接受酈食其的建議。」

遇到**抵抗**了，

老大！

林劍鳴《秦漢史》：
「齮（秦軍將領）敗保守宛城。」

問人**「怎麼辦」**。

林劍鳴《秦漢史》：

「張良勸他先攻下宛……劉邦將宛包圍準備強攻，後接受陳恢意見：與守宛秦軍『約降』……宛城一地和平解決後，劉邦義軍一路勢如破竹，各地紛紛效仿宛守，向劉邦投降，義軍長驅直入向武關進擊。」

反正就是一路**超乖**……

加上那時候因為**秦軍主力**在外，
跟另一隊**起義軍**打。

白壽彝《中國通史》：

「劉邦（西征）之所以能迅速取得如此巨大的戰績，就客觀條件而言，主要是由於當時秦鎮壓農民起義的主力……先後為項羽所消滅，因而劉邦在進軍途中，除了受到一些地方武裝的分散狙擊外，幾乎沒有遇到什麼大的抵抗。」

內部很**空虛**……

* 很方：很慌的諧音

不知不覺間，**劉邦喵**竟然打下了**大秦國都**……

白壽彝《中國通史》：
「漢元年十月，劉邦率領勝利的起義大軍進駐霸上……秦王子嬰……向劉邦投降。」

沒錯，**大秦帝國**……就這麼**滅**了。

白壽彝《中國通史》：「一個盛極一時的封建皇朝終於被農民戰爭摧毀了。」

這個華夏史上首個**大帝國**，
就這麼倒在了**劉邦喵腳下**……

白壽彝《中國通史》：「公元前二〇七年冬十月，劉邦在霸上接受秦孺子嬰的投降。」

這事有點**不可思議**，
在遠方抗擊秦軍主力的**起義軍**
甚至**不知道這件事**。

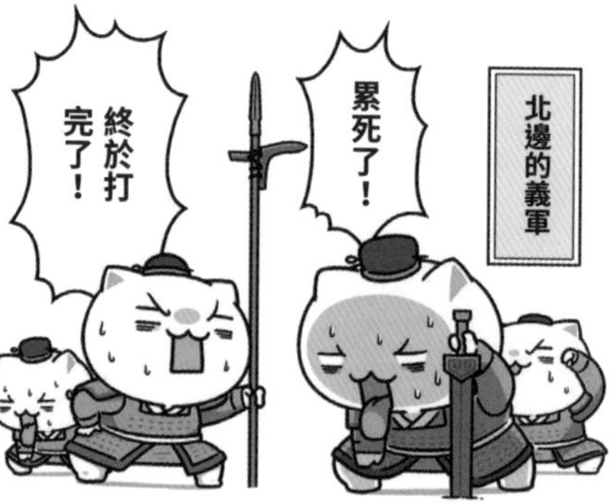

秦朝的**滅亡**不僅代表著**暴政的結束**，
也成為了這場起義運動的**轉捩點**。

白壽彝《中國通史》：
「秦皇朝以後，農民軍反秦的鬥爭轉化為農民軍領袖之間爭奪權力的鬥爭。」

因為**秦國**滅亡了……

天下又該由誰來繼承呢？

白壽彝《中國通史》：
「劉邦和項羽這兩大反秦主力之間進行了長達五年的戰爭。」

（且聽下回分解。）

編者按

秦王朝建立以後，對天下人民進行無限度的剝削壓榨，其程度已經超過人民和社會可以負擔的限度，結果「天下大畔（叛）」（《漢書》）。秦統一不到十五年，就被人民起義推翻。在劉邦的帶領下，起義群眾攻入秦都，推翻秦朝，掙脫了套在他們身上的層層枷鎖，推動了社會前進。秦末起義的沉重打擊，也給蔑視群眾力量的統治者們當頭一棒。秦以後的許多政治家試圖總結秦朝滅亡的原因和教訓，也都因此越發重視『民』的作用。

劉邦——瓜子（飾）

參考來源：《史記》、《新語》、《淮南子》、《中華傳統文化辭典》、《講談社・中國的歷史03・始皇帝的遺產：秦漢帝國》、白壽彝《中國通史》、呂思勉《白話本國史》、林劍鳴《秦漢史》、人民教育出版社《義務教育教科書・歷史七年級上冊教師教學用書》

附錄

【天龍之子】

據說，有天劉邦的母親
在湖邊休息的時候夢見了神，
又有蛟龍纏在身上。
後來就生下了劉邦。

【仰慕始皇】

劉邦曾經去咸陽服役，
有一次看秦始皇駕車出巡，
他感歎說：
「大丈夫就應該這樣啊！」

【道中斬蛇】

據載，劉邦曾醉酒殺了一條大蛇。
有人說，這條大蛇是白帝的兒子，
而殺蛇的劉邦是赤帝之子。

百群喵檔案

瓜子小劇場

《冷靜的辦法》

網路商店的經營經常會讓瓜子抓狂……
明明寫著不含運費還給負評！
即使精明的他也會做出一些衝動的事！
我要出去大吃一頓！
服務生！服務生！
點菜！
但飯店的價格總能讓他冷靜下來……
好貴！

《決不吃虧》

翻高山
過大洋
勇敢的人啊，這是對你勇敢的獎勵！
啊！
5¥
做夢都不能吃虧的瓜子！
這麼少坑誰呢！

瓜子

金牛座

生日：5 月 3 日

身高：180 公分

最喜歡的花：杜鵑

最愛的食物：牛排

性格特點：機靈聰明，有點摳門

（瓜子擬人介紹）

瓜子的店鋪
Guazi's Shop

第三十一回 ◉ 雙雄並立

秦末的天空，**風起雲湧**。

《史記·秦始皇本紀》：「秦之積衰，天下土崩瓦解。」

它的**殘暴**使喵民們憤然**起義**，
開始了**推翻暴秦**的運動。

人民教育出版社《義務教育教科書·歷史七年級上冊教師教學用書》：「秦朝的殘暴統治和對人民無限制的搜刮，給廣大人民帶來了無窮的災難，激化了社會矛盾……最終導致了秦末農民大起義。」

經過浩浩蕩蕩的**鬥爭**，

項羽喵北進，

在巨鹿**消滅**了秦帝國的**主力軍團**。

人民教育出版社《義務教育教科書．歷史七年級上冊教師教學用書》：「巨鹿之戰項羽殲滅秦軍主力。」

而**西進**，

則由**劉邦喵**打下了秦帝國的**大本營**。

人民教育出版社《義務教育教科書．歷史七年級上冊教師教學用書》：「劉邦率軍攻佔了秦的都城咸陽，宣告強大的秦朝滅亡。」

根據**約定**，

誰先**打進**秦的大本營**關中**……

誰就能**稱王**。

白壽彝《中國通史》：
「當初，楚懷王與諸將約定，誰先入函谷關就可在其地封王。」
《漢書・項籍傳》：
「初，懷王與諸將約，先入關者王其地。」

白壽彝《中國通史》：
「劉邦從起兵以來，幾乎所有的勝招，都是別人的主意。」

劉邦喵雖然打仗**不怎樣**，

但因為**會用人**，

白壽彝《中國通史》：
「劉邦知人善任，從善納諫。」

搶先拿下了這**關中**要地。

林劍鳴《秦漢史》：

「劉邦所率義軍是最早進入關中的一支。」

紀連海《紀連海點評史記》：

「按照楚懷王原來『先入定關中者王之』的約定，劉邦先入咸陽，理應做關中王。」

皇都裡那麼**美啊！**

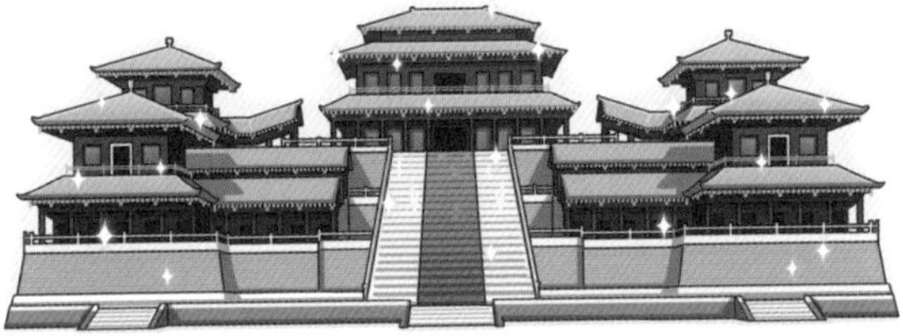

白壽彝《中國通史》：

「秦宮殿華美。」

財寶那麼**多啊！**

《史記·高祖本紀》：

「秦富十倍天下。」

真是**吸引力巨大**……

白壽彝《中國通史》：「劉邦……有住下享受之意。」

但劉邦喵還是**忍了**。

《史記・項羽本紀》：「（劉邦）今入關，財物無所取，婦女無所幸。」
白壽彝《中國通史》：「劉邦退出咸陽，還軍霸上。」

為啥呢？

因為他要**防範**另**一個人**，

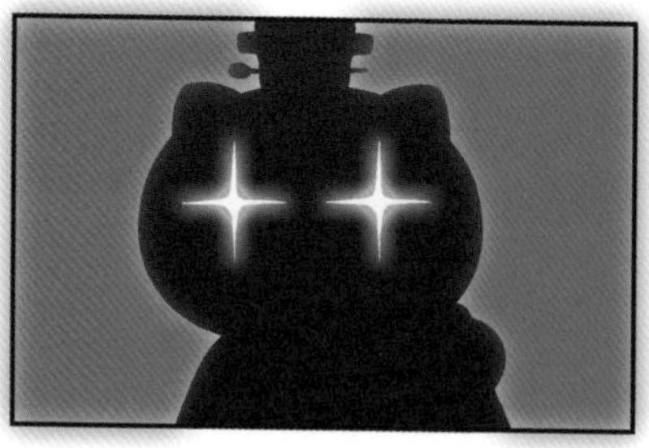

林劍鳴《秦漢史》：「劉邦退出咸陽，並非放棄當皇帝的欲望，而是由於當時還存在一個比他實力更強大的項羽。』

那就是打敗了秦軍主力的**項羽喵**。

白壽彝《中國通史》：「巨鹿之戰……一舉消滅秦鎮壓農民起義的全部主力。」

雖然說大家**約好了**，
誰先進來**誰當王**。

《史記・項羽本紀》：「懷王與諸將約曰『先破秦入咸陽者王之』。」

可在**武力**面前，**約定**就跟**廢紙**一樣……

陳舜臣《中國歷史風雲錄》：「進入關中的劉邦軍有十萬，而項羽軍是四十萬。如果激怒了項羽，劉邦軍就馬上會被踏平。」

戰五渣*的劉邦喵，對著**狂暴戰士**項羽喵。

《史記·高祖本紀》：
「是時項羽兵四十萬，號百萬。沛公兵十萬，號二十萬，力不敵。」

* 戰五渣：流行用語，意指戰鬥力低下。

只能**認輸**了……

老老實實地把打下來的關中**讓出去**。

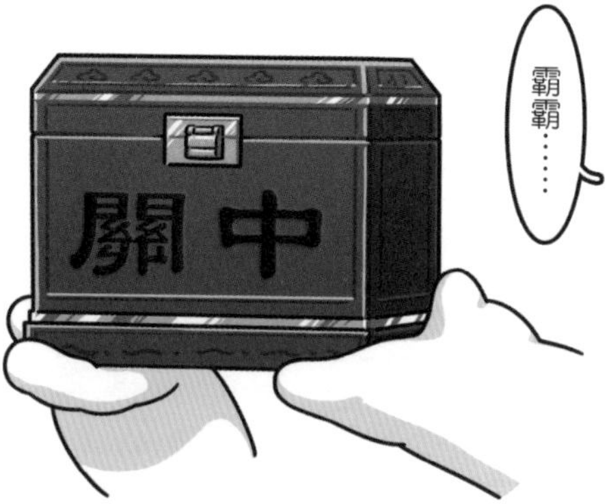

白壽彝《中國通史》：
「劉邦被迫求和。」

還要**表現**得很高興……

白壽彝《中國通史》：
「（劉邦）親至鴻門項羽大營中卑辭言好。」
《史記．項羽本紀》：
「沛公……曰：『吾入關，秋豪不敢有所近……而待將軍……日夜望將軍至，豈敢反乎！』」

而這邊的項羽喵剛**接過秦都**，

人民教育出版社《義務教育教科書．歷史七年級上冊》：
「項羽隨後進入咸陽。」

就一把火給**燒了**……

人民教育出版社《義務教育教科書．歷史七年級上冊》：
「大肆殺掠，火燒秦宮，煙焰三月不息。」
《史記．高祖本紀》：
「項羽遂西，屠燒咸陽秦宮室。」

從此，項羽喵自稱**「西楚霸王」**。

《史記．項羽本紀》：「項王自立為西楚霸王，王九郡，都彭城。」

並且**分封**天下**十八諸侯**。

白壽彝《中國通史》：「項羽立了十八個王。」

滅秦運動終於**告一段落**。

然而……

項羽喵的**分封**讓**部分**諸侯感到**不爽**！

《史記．項羽本紀》：「項羽為天下宰，不平。今盡王故王於醜地，而王其群臣諸將善地。」

陳舜臣《中國歷史風雲錄》：「項羽的論功行賞極為不公平。」

比如被封到**偏遠山區**的**劉邦喵**。

白壽彝《中國通史》：
「項羽完全背棄當初懷王與諸將的約定，改封劉邦為漢王，讓他僻處於漢中、巴、蜀的一隅。」

自從在關中被項羽喵**踹了**之後，

劉邦喵就**日夜思考**著如何**報仇**。

林劍鳴《秦漢史》：
「劉邦進入漢中後，一方面養精蓄銳，保存實力，一方面等待時機，準備反攻。」

可他身處**偏遠山區**，

林劍鳴《秦漢史》：「項羽將其（劉邦）封至偏僻的巴蜀之地為漢王。」

人家項羽喵又**戰鬥力爆表**。

白壽彝《中國通史》：「蕭何警告劉邦保持清醒頭腦，若要硬拚，無異送死。」

怎辦呢？

也許這時候**老天**都**寫不下去了**。

這樣下去……有點無聊啊……
命運之手

於是乎**東邊**的諸侯率先**叛變**，

打他們！

林劍鳴《秦漢史》：「矛盾首先從東方開始激化了。」
翦伯贊《秦漢史》：「齊將田榮首亂於山東。」

項羽喵**隨即**帶大軍前去**鎮壓**。

楚
跟我走！又有仗打了！
好！

翦伯贊《秦漢史》：「項羽不能不以全力討伐田榮的叛亂。」

這下劉邦喵的**機會**終於來了！

翦伯贊《秦漢史》：
「正當項羽糾纏于山東討伐戰爭時，劉邦遂乘機而起。」

他**偷偷**出擊。

陳舜臣《中國歷史風雲錄》：
「在項羽為根除遊擊、忙得不可開交的時候，劉邦終於動手。」

劉邦喵憑藉著將士們的**英勇**，
四個月的時間就**吞併**了三個**諸侯國**。

《講談社·中國的歷史03·始皇帝的遺產：秦漢帝國》：
「漢王居漢中僅僅四個月，就翻越秦嶺控制了當時已被三分而稱為「三秦」的關中。」

然後趁著天下**人心未定**，
他**高舉仁義**的大旗。

項羽你個渾蛋
你没良心！

《史記・高祖本紀》：「（項羽）殺義帝江南……漢王聞之，袒而大哭。遂為義帝發喪……告諸侯曰：『……今項羽放殺義帝於江南，大逆無道。』」

原本不服項羽喵的**諸侯**，
紛紛**集結**到他**旗下**。

項羽！
渾蛋！
項羽！渾蛋！
項羽！渾蛋！項羽！
渾蛋！項羽！渾蛋！

《史記・項羽本紀》：「漢王部五諸侯兵。」

竟有聯軍**五十六萬**人！

項羽！渾蛋
漢
漢
漢
漢
漢

《史記・項羽本紀》：「凡五十六萬人。」

劉邦喵的反撲開始了！

白壽彝《中國通史》：「劉邦利用彭城空虛，率諸侯兵五十六萬人大舉東伐。」

從被封邊陲到重新出關，
劉邦喵**經歷**了不少**坎坷**。

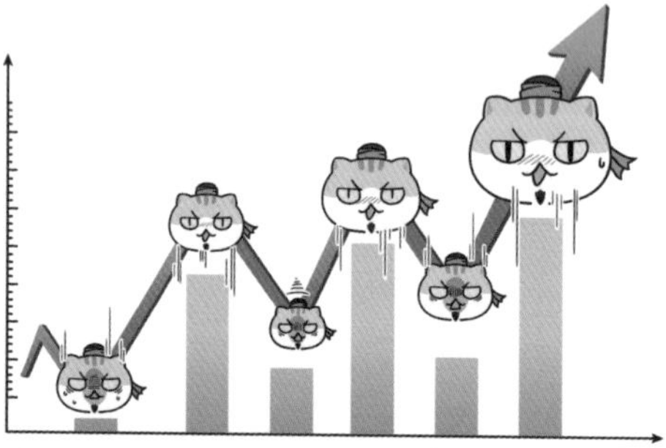

而他超強的政治**隱忍**能力和政治**智慧**，
讓他**扭轉了局面**。

陳舜臣《中國歷史風雲錄》：「用劉邦的話來說，按照楚義帝的約定，關中理所當然是我的領地，我只是從項羽一脈的領主手裡取回來而已。」

五十六萬**劉邦**聯軍，

對峙西楚**項羽**軍。

《2016年全國碩士研究生入學統一考試歷史學基礎名詞解釋》：

「劉邦……聯合各地反對項羽的勢力，與項羽成相持局面。」

雙雄的局面正式**形成**。

陳舜臣《中國歷史風雲錄》：

「這樣一來，項羽對劉邦，也就是楚漢戰爭開始了。」

那麼忙於平叛的**項羽喵**會**如何應對**呢？

（且聽下回分解。）

編者按

劉邦攻佔秦都後，項羽率四十萬大軍攻入，進駐鴻門。劉邦自知不敵項羽，便示弱並表示願讓項羽當關中王。項羽的謀士范增認為劉邦是個隱患，讓項羽在鴻門設宴，誅除劉邦。宴上，劉邦稱臣伏低，曲意逢迎，項羽卻信以為真，放棄擊殺劉邦。最終，劉邦借機逃回大本營。項羽放虎歸山，也為他二人的結局埋下伏筆。

秦亡後，項羽建立了以自己為主導的『十八王聯合國體制』。他本人稱西楚霸王，霸王就是『位於諸王之上的霸者』。該體制不但不能消除割據，反而加劇了割據。短暫運行一段時間後就有人起兵，進而出現諸侯王混戰的局面。

項羽——油條（飾）

劉邦——瓜子（飾）

參考來源：《史記》、《漢書》、《講談社·中國的歷史 03·始皇帝的遺產：秦漢帝國》、《2016年全國碩士研究生入學統一考試歷史學基礎名詞解釋》、白壽彝《中國通史》、林劍鳴《秦漢史》、翦伯贊《秦漢史》、紀連海《紀連海點評史記》、陳舜臣《中國歷史風雲錄》、人民教育出版社《義務教育教科書·歷史七年級上冊教師教學用書》、人民教育出版社《義務教育教科書·歷史七年級上冊》

附錄

【兵仙韓信】

劉邦善於用人，
從民間提拔了很多人才。
其中就包含被稱為
「兵仙」的韓信。

【約法三章】

劉邦進入關中和百姓們
定下了三個約定：
殺人者處死、傷人者判刑、盜竊
者抵罪。
因此獲得了百姓的擁戴。

【鴻門宴】

項羽和劉邦對峙過程中，
項羽請劉邦吃了頓飯，
想順便暗殺他。
但是劉邦成功逃跑了。

百群喵檔案

油條小劇場

《逞強男孩》

《你洗澡了嗎》

油條

射手座

生日：12 月 5 日

身高：185 公分

最喜歡的花：向日葵

最愛的食物：可樂

性格特點：熱血好動，很孝順

（油條擬人介紹）

油條的店鋪

Youtiao's Shop

第三十二回◉楚漢爭雄

西元前207年，起義軍**攻破**秦**帝國大門**。

人民教育出版社《義務教育教科書·歷史七年級上冊教師教學用書》：「公元前二〇七年，劉邦率軍攻佔了秦的都城咸陽。」

項羽喵進入後，
輝煌一時的**大秦**帝國，
在都城**咸陽**的大火中**化為灰燼**……

《史記·項羽本紀》：「項羽引兵西屠咸陽，殺秦降王子嬰，燒秦宮室，火三月不滅。」

天下又回到**分裂**狀態。

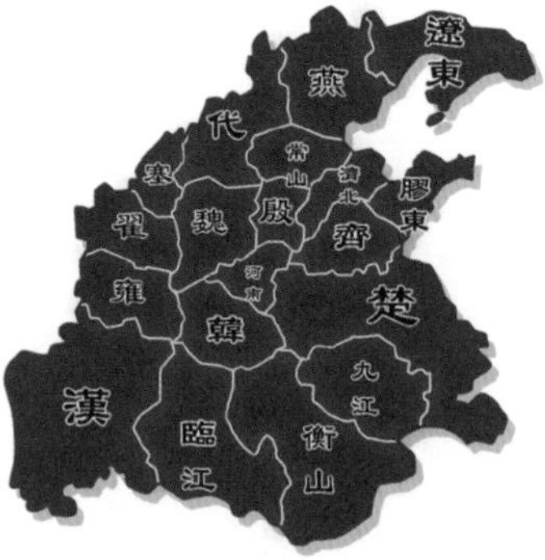

林劍鳴《秦漢史》：「秦統一前的割據局面又重新出現了。」

在這樣的情況下，

原本目標一致的**起義軍**開始**相互爭鬥**。

白壽彝《中國通史》：「秦皇朝以後，農民軍反秦的鬥爭轉化為農民軍領袖之間爭奪權力的鬥爭。」

並且最終形成了**兩方勢力**。

白壽彝《中國通史》：「兩大反秦主力之間進行了長達五年的戰爭。」

一邊是**劉邦喵**帶領的**漢營**，

翦伯贊《中國史綱要》：「為漢王的劉邦……」

另一邊則是**項羽喵**帶領的**楚營**。

翦伯贊《中國史綱要》：
「與項羽相持。」

在**滅秦**運動中，
項羽喵是起義軍的**扛霸子**。

《史記·項羽本紀》：
「項羽由是始為諸侯上將軍，諸侯劫（皆）屬焉。」

所以當**天下**打下來後，
則由項羽喵負責**分配**。

《史記·項羽本紀》：
「（項羽）乃分天下，立諸將為侯王。」
白壽彝《中國通史》：
「（項羽）調整諸王土地。」

可這傢伙只**根據**自己的**喜好來分配**……

白壽彝《中國通史》：
「把自己的親信分封於各王國的善地為王，而徒置諸故王於其原據地的邊緣。」
林劍鳴《秦漢史》：
「項羽的分封，乃是按照親屬關係和利害程度為標準進行分封的。」

於是在**分配**完**不久**，

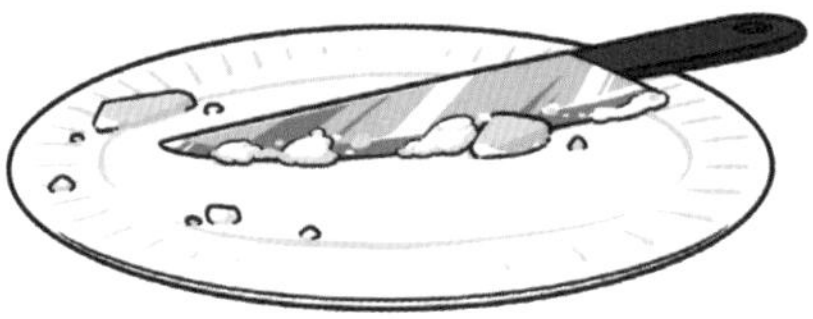

林劍鳴《秦漢史》：
「這就加速了割據戰爭的出現。」

西、北兩面的諸侯就**反了**……

白壽彝《中國通史》：
「不久，田榮就在齊地起兵，自立為王，又有彭越起兵於梁，陳餘起兵於趙，出現了諸侯王混戰的局面。」

這西面就是分得**最慘的劉邦喵**。

白壽彝《中國通史綱要》：
「劉邦……東伐項羽。」

為了壯大聲勢，
劉邦喵打起項羽喵**不仁的大旗**。

《晉書·列傳·第四十一章》：
「昔項羽殺義帝以為罪，漢祖哭之以為義。」
翦伯贊《秦漢史》：
「（劉邦）打起替義帝復仇的旗號。」

然後聯合**五十六萬**諸侯軍，
決定去踹**項羽喵老窩**。

白壽彝《中國通史》：
「（劉邦）率諸侯兵五十六萬人大舉東伐。」

面對著劉邦喵浩浩蕩蕩的**大軍**，
項羽喵先是把**大部隊**派去**鎮壓北面叛亂**。

你們留下來繼續揍他們！
是！

《資治通鑑·漢紀一》：「項王聞之，令諸將擊齊。」

自己則帶著**三萬人馬**，找劉邦喵**算帳**。

走！打死那個死不要臉的！

《史記·項羽本紀》：「而自以精兵三萬人南從魯出胡陵。」
白壽彝《中國通史》：「項羽聞訊，率三萬精兵回師反擊。」

五十六萬對**三萬**啊……

漢
五十六萬
三萬

翦伯贊《秦漢史》：「現在劉邦劫諸侯兵五十六萬人……項羽的軍隊從山東來了，只有三萬人。」

劉邦喵在這樣**壓倒性**的**優勢**下……

果然，被揍個半死……

翦伯贊《秦漢史》：
「不到半天，便把劉邦的五十六萬大軍，殺得落花流水。」
白壽彝《中國通史》：
「睢水一戰，劉邦大敗。」

事實證明，光憑人多……
果然對項羽喵**不起作用**啊……

翦伯贊《秦漢史》：
「投入睢水而死者，即有十餘萬人……劉邦落荒而走，僅以身免。」

劉邦喵只能**轉變計策**，改**離間**項羽喵**部下**。

白壽彝《中國通史》：「劉邦策動九江王英（黥）布舉兵叛楚，牽制項羽兵力。」

讓其**幫忙**打下**南方戰場**。

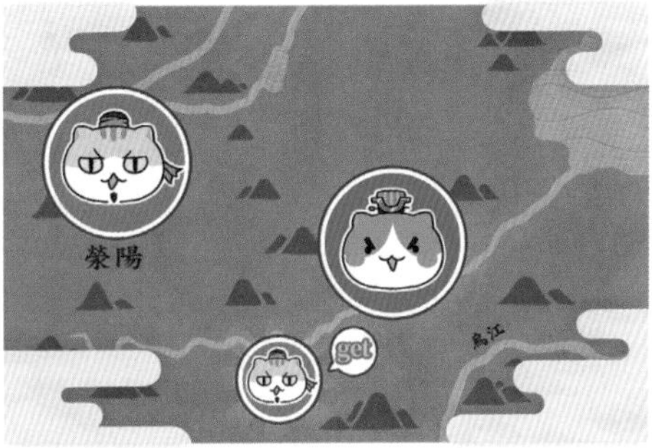

翦伯贊《秦漢史》：「黥布已舉皖北之地，背楚投漢……成為項羽後方之最大的威脅。」

接著派**大將北上**。

白壽彝《中國通史》：「隨後派韓信等攻佔魏、趙兩地。」

又搞定**北方戰場**。

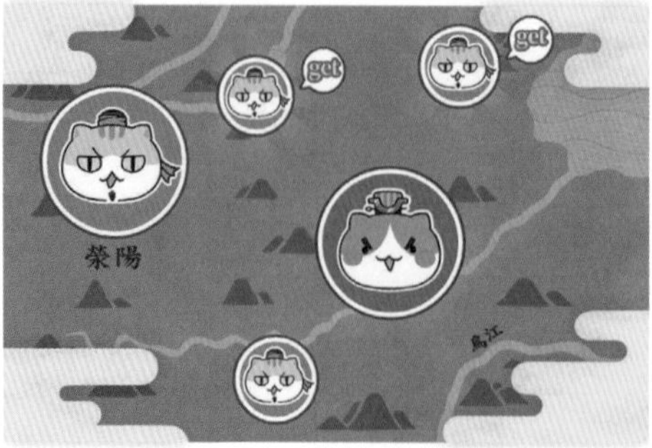

翦伯贊《秦漢史》：
「韓信之軍……盡有黃河南北之地……大有由山東南向擊楚之勢。」

經過**一連串**運作，
一個三面夾擊的**「包圍圈」**慢慢**形成**。

翦伯贊《秦漢史》：
「（項羽）陷於三面作戰的危險之中了。」

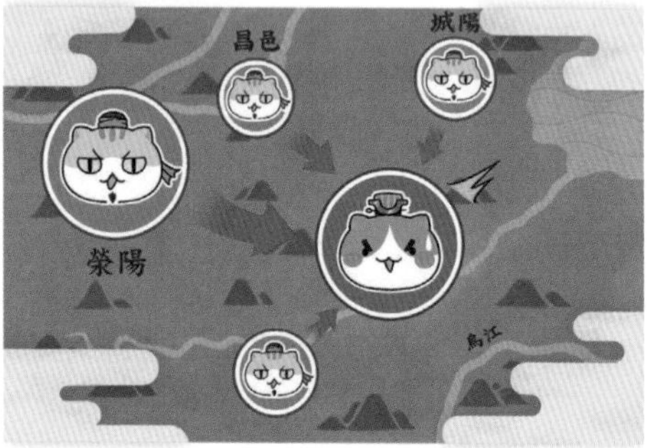

三面環敵，讓項羽喵**壓力**越來越**大**……

白壽彝《中國通史》：
「項羽既多方面受敵，後方供給又不斷受到襲擊，楚軍缺糧而士氣疲憊。」

無奈之下，他只能提出**議和**。

呂思勉《白話本國史》：「漸漸地兵少食盡。項羽無法，只得和漢朝講和。」

經過談判，兩家以**鴻溝**為界，**中分天下**。

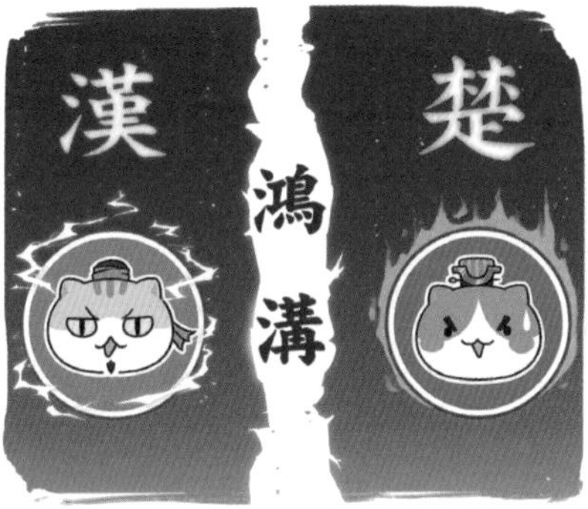

呂思勉《白話本國史》：「中分天下，以鴻溝為界。」

這正是鼎鼎大名的**「楚河漢界」**！

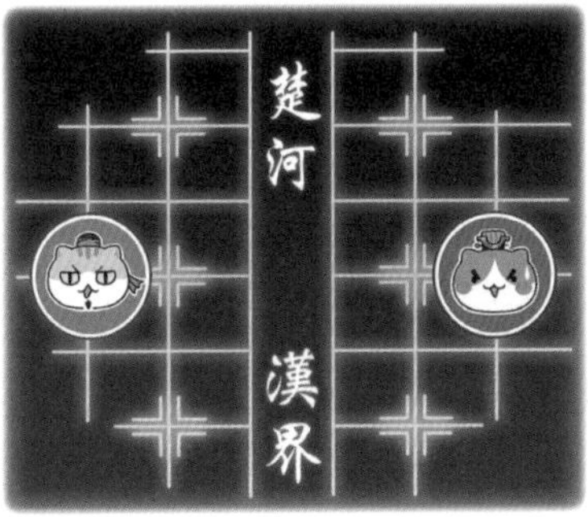

白壽彝《中國通史》：「雙方約定以鴻溝為界，『以西為漢，以東為楚』。」

然而這樣的**結局**劉邦喵**接受嗎**？

林劍鳴《秦漢史》：「項羽罷兵東歸，劉邦君臣卻企圖趁機消滅楚軍。」

他不接受！

和平協議剛簽完，
劉邦喵便**派兵追殺**項羽喵。

白壽彝《中國通史》：「劉邦……毀約乘勝追擊。」

楚軍雖然勇猛，

《史記．項羽本紀》：「楚戰士無不一以當十。」

但實在**經不起**劉邦喵陣營的**圍剿**……

白壽彝《中國通史》：「劉邦部署了對項羽軍隊的包圍，漢軍及韓信、彭越、英布的軍隊一齊指向項羽。」

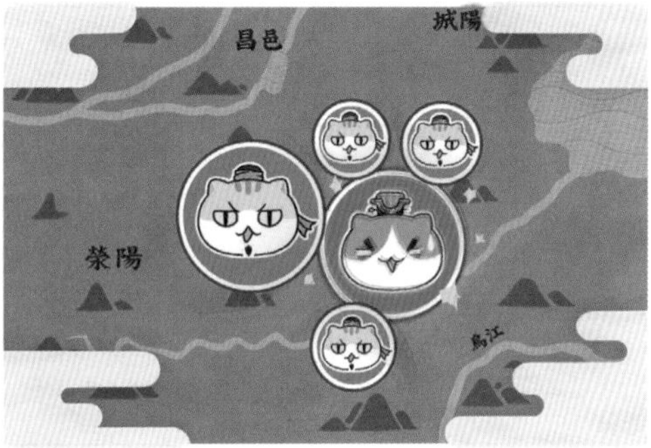

最終，在一個叫**垓下**的地方，
項羽喵**大敗**。

白壽彝《中國通史》：「十二月，項羽至垓下，被圍數重。」「項羽陷入重重包圍，無法逃脫……於是與隨從下馬步行，與漢軍短兵接戰。項羽殺漢軍數百人，自己也負傷十餘處，最後自刎而死。」

*狗帶：流行用語，英語「Go die」的諧音，言指「死了」。

項羽喵的**戰敗**，
標誌著這場**戰爭**徹底**結束**，
同時意味著一個**新皇朝**的**建立**。

林劍鳴《秦漢史》：「公元前二〇二年『楚漢戰爭』結束後，中國廣袤的國土又復歸統一於一個新的封建政權——漢。」

這就是**漢皇朝**。

白壽彝《中國通史》：「漢五年二月，劉邦在定陶即皇帝位，建立了西漢皇朝。」

作為**漢皇朝**的**開創者**，
劉邦喵完成了從**布衣**到**天子**的**逆襲**，

《講談社·中國的歷史03·始皇帝的遺產：秦漢帝國》：「秦二世元年（劉邦）以沛公起兵，漢元年稱漢王，漢五年稱皇帝。」

讓天下**重歸一統**。

呂思勉《白話本國史》：
「天下就統一於漢。」

然而從秦末起義到楚漢爭雄，
華夏大地歷經了**戰火的蹂躪**。

人民教育出版社《義務教育教科書．歷史七年級上冊教師教學用書》：
「由於秦末以來的長期戰亂，經濟凋敝，物價飛漲，社會動盪不安。」

這麼一個**凋零的天下**，
該**如何經營**呢？

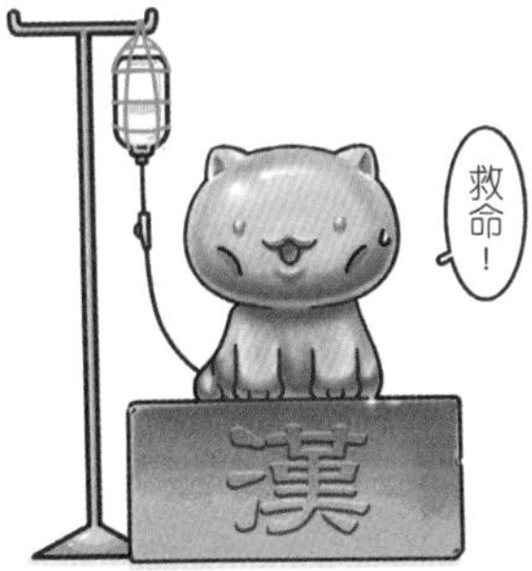

人民教育出版社《義務教育教科書．歷史七年級上冊》：
「西漢初年，經濟蕭條，到處一片荒涼景象。」

（**且聽下回分解。**）

編者按

經過五年較量，楚漢戰爭最後以劉勝項敗而結束，這是歷史的一大變局。戰無不勝的項羽為什麼最後失敗？原本處於劣勢的劉邦為什麼最後勝利？

歸根結底，還是因為劉邦是『將將之才』，有高明的識人、用人之能。劉邦知人善任、善於納諫。其集團大都出身低微：蕭何、曹參是沛縣吏、掾；韓信是無業遊民；陳平、王陵出身平民；樊噲、周勃、灌嬰各以屠狗、織薄、販繒為業（白壽彝《中國通史》）。他們因才而受到劉邦的愛惜和任用，進而幫劉邦取得最終的勝利。項羽則任人唯親，剛愎自用，最終眾叛親離。

項羽——油條（飾）

劉邦——瓜子（飾）

參考來源：《史記》、《晉書》、《資治通鑒》、《講談社・中國的歷史 03・始皇帝的遺產：秦漢帝國》、白壽彝《中國通史》及《中國通史綱要》、林劍鳴《秦漢史》、翦伯贊《中國史綱要》及《秦漢史》、呂思勉《白話本國史》、人民教育出版社《義務教育教科書・歷史七年級上冊》、人民教育出版社《義務教育教科書・歷史七年級上冊教師教學用書》

附錄

外面的世界很精彩
外面的世界很無奈

【四面楚歌】

漢軍包圍項羽時為了迷惑項羽，
唱起了楚地的民歌。
項羽以為漢軍已經攻佔楚地，
失去了鬥志。

沒事沒事，你們別看著我！

【劉邦的謊話】

劉邦曾被項羽一箭射中胸口，
但劉邦假稱只被射到腳趾，
以穩定軍心。

【末路戰神】

項羽兵敗退守烏江江邊，
以一人之力殺了數百追兵。

還有人嗎？我們搞不定他啊！

豆花小劇場

《姊妹情深》

豆花小姐，請接受我的愛吧！
如果你不接受我的愛……
就打死我算了！
哈……
好奇怪的要求哦，竟然讓人打他……
他沒事吧……

《靈異故事》

門一推開！
哇！撲上來
這是我的靈異故事，
哈哈，不是很恐怖。
哈
哈
哈
下面輪到我了。
喜歡古董的豆花讓靈異故事聽起來更加真實可怕……
那年我買了一件陪葬品……

豆花

天秤座

生日：10 月 16 日

身高：165 公分

最喜歡的花：波斯菊

最愛的食物：綠茶

性格特點：傻白甜，
性格溫和

（豆花擬人介紹）

豆花的店鋪
Douhua's Shop

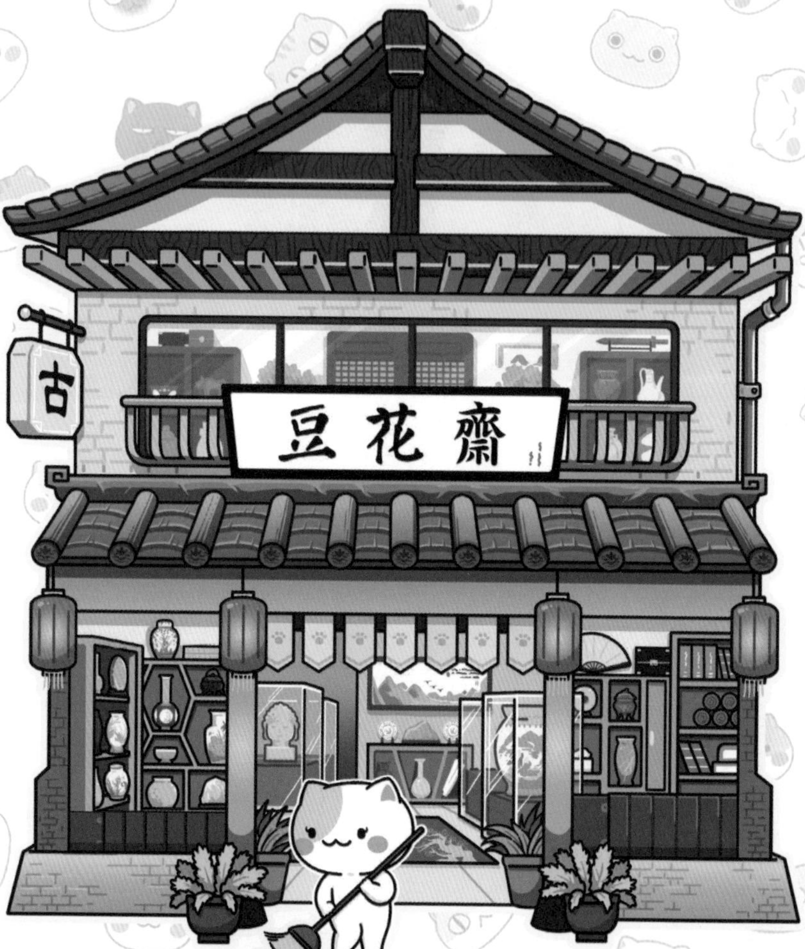

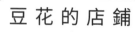

第三十三回◉呂氏專政

西元前**202年**，漢**一統**天下，

白壽彝《中國通史》：
「漢五年（公元前二〇二年）二月，劉邦在定陶即皇帝位，建立了西漢皇朝。」
錢穆《秦漢史》：
「高祖五年，初定天下。」

成為了**華夏歷史**上**第二個**大一統皇朝。

孟建安《中國文化概論》：
「漢朝是劉邦建立的中國第二個大一統王朝。」

然而經過**多年混戰**，土地**荒廢**……

人民教育出版社《義務教育教科書．歷史七年級上冊教師教學用書》：
「秦末農民戰爭推翻了秦朝的統治，接踵而至的是漫長的楚漢戰爭。這場戰爭使社會生產受到嚴重破壞，人口減少，土地荒蕪。」

喵民們**生活艱苦**。

人民教育出版社《義務教育教科書·歷史七年級上冊教師教學用書》：「經濟凋敝，農民流離失所，物價飛漲。」

這個**新生**的帝國將**如何鞏固**統治呢？

一個喵的出現起到了**重要作用**。

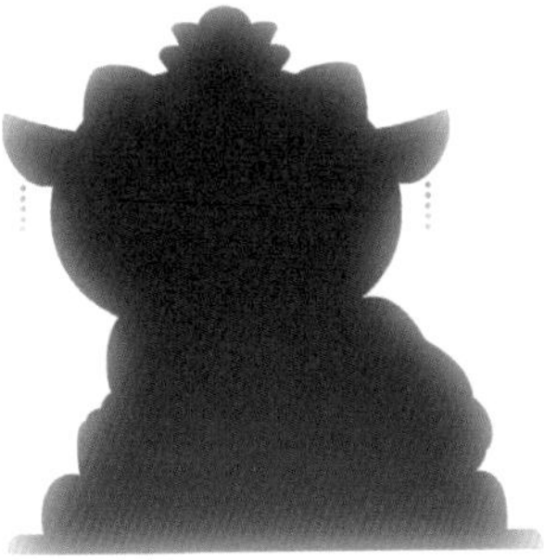

白壽彝《中國通史》：「當政的十五年中，社會生產得到發展，社會經濟處於上升趨勢。」

她就是漢朝**初代皇后**── **呂雉喵**

《漢書・高后紀》：
「高皇后呂氏。」

雉喵原本是**山東大戶**人家的小姐。

《史記・高祖本紀》：
「單父（地名，位於今山東省）人呂公……呂公女乃呂后也。」
趙毅主編《呂后大傳》：
「呂雉……出身大戶人家。」

為了**避仇**，她舉家搬到了**南方**。

《史記・高祖本紀》：
「（呂公）避仇從之客，因家沛焉。」

然後……

就**嫁給**了當地有名的**老流氓**……

爸爸跟你說，這人一定會發達。
嗨！

翦伯贊《秦漢史》：
「（劉邦）在他父親眼中，是一個『無賴』之子。」
《資治通鑒．秦紀二》：
「單父人呂公……以女妻之。」

喀喀……沒錯……

「老流氓」就是當時還**沒發跡**的

漢朝**開國皇帝**劉邦喵。

天選之人
嗨，寶貝！

王桐齡《中國全史》：
「呂氏者，高帝微時糟糠之妻。」

雉喵**剛**過門，就多了個**便宜兒子**。

麻煩你了。
私生子。
?!

《史記．呂太后本紀》：
「長男肥，孝惠兄也，異母。」
《史記．高祖本紀》：
「（呂后）生孝惠帝、魯元公主。」

雉喵白天不僅**幹農活**，

《史記・高祖本紀》：
「呂后與兩子居田中耨。」
林劍鳴《秦漢史》：
「（劉邦）妻兒耕於家，佔有一塊土地。」

夜裡還得**伺候家人**。

趙毅主編《呂后大傳》：
「呂雉在豐邑家鄉侍候老人。」

（明明原來是個大小姐啊……）

不過，
這樣的主婦生活**沒有過多久**。

幾年後，
劉邦喵就**出門「造反」**去了。

趙毅主編《呂后大傳》：
「劉邦跟呂雉成婚後，繼續在泗水做亭長。」
白壽彝《中國通史》：
「劉邦扔掉……亭長的吏職……闖蕩江湖……秦二世元年……起兵反秦。」

整整**七年**時間裡，
雉喵不但**獨自支撐**這個家，

白壽彝《中國通史》：
「秦二世元年（公元前二〇九年）……（劉邦）宣佈反秦起義。」
《講談社．中國的歷史03．始皇帝的遺產：秦漢帝國》：
「漢四年（公元前二〇三年）……漢王父母妻子得以釋放。」可知起義後，劉邦與呂雉共分別七年。

後來還被**死對頭**抓去**當人質**……

《史記・高祖本紀》：「（項羽）乃取漢王父母妻子於沛，置之軍中以為質。」

（明明原來是個大小姐啊……）

不過**幸好**雉喵**命大**，

主角光環加值

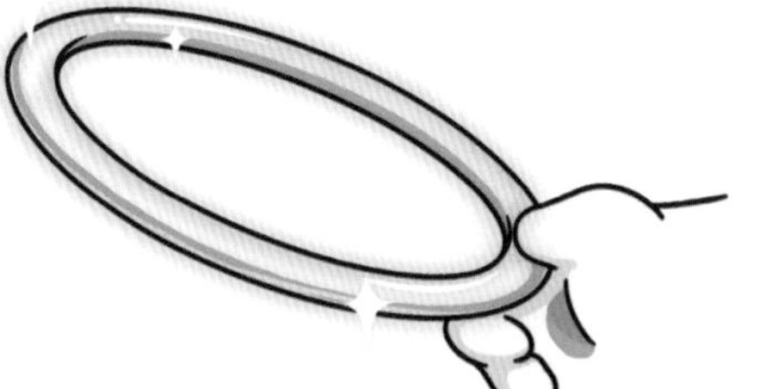

劉邦喵不僅**打敗**了**對手**，還**奪得了天下！**

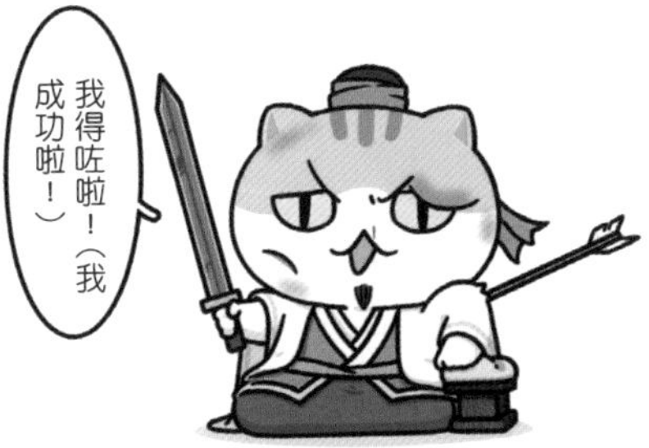
我得咗啦！（我成功啦！）

白壽彝《中國通史》：「楚漢戰爭經過五年的較量，最後以劉勝項敗而告結束。」

久別多年的雉喵，

這才**回到**劉邦喵**身邊**。

老公！
我回……

柳春藩主編《臨朝太后大傳》：「漢高帝四年九月，楚漢議和，項羽歸還呂后、太公。」

然後……

看著劉邦喵**寵幸**其他**妃子**……

《史記．呂太后本紀》：「及高祖為漢王，得定陶戚姬，愛幸。」

啊，回來了嗎？那好好休息。

經過了這次，雉喵**終於明白**。

那麼，從**那時起**……

▷ 呂雉做了什麼事呢？◁

首先，她要**確保**老劉家的**統治**。

楊東晨《王朝興亡：西漢興亡史》：「怕再出現戰國時代的獨立割據，威脅漢朝的政權，便以各種藉口，各個滅之（異姓諸侯王）。」

自從**推翻秦朝**之後，
大家開始**爭奪天下**。

白壽彝《中國通史》：
「秦皇朝以後，農民軍反秦的鬥爭轉化為農民軍領袖之間爭奪權力的鬥爭。」

老劉家是靠著**團結諸侯**，
獲得了最終**勝利**。

《資治通鑒．漢紀二》：
「漢王收諸侯。」
白壽彝《中國通史》：
「劉邦轉弱為強，奪得天下。」

可帶來的後果是……

諸侯們憑藉著**軍功**，**獲得**大量**土地**。

白壽彝《中國通史》：
「西漢初年，功臣為王者七人……史稱『異姓諸王』。他們據有關東廣大區域。」

表面上**臣服**皇權，

《資治通鑑・漢紀三》：
「諸侯王皆上疏請尊漢王為皇帝。」

實際則**威脅**到中央。

白壽彝《中國通史》：
「（異姓諸王）朝廷指揮不靈，是國家統一的隱患。」

怎麼辦呢？

呂雉的辦法**很簡單**。

誘騙進宮。

老大！天子讓您去一趟！
啊？

白壽彝《中國通史》：
「呂后陰與蕭何設計將韓信處死。」
《資治通鑑．漢紀四》：
「呂后欲召，恐其黨不就，乃與蕭相國謀，詐令人從上所來……信入。」

剁了！

（就是這麼粗暴！）

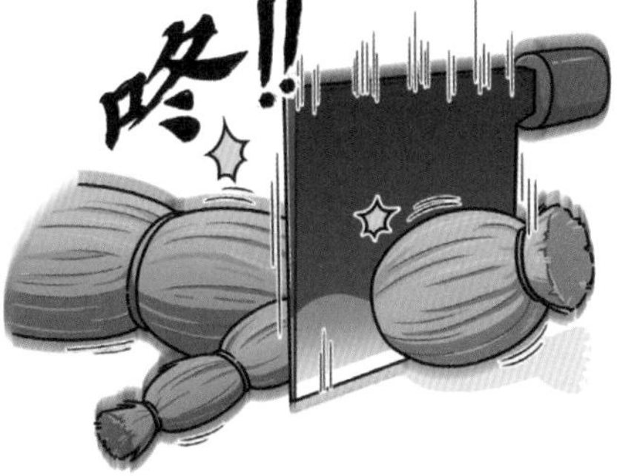
咚!!

《資治通鑑．漢紀四》：
「呂后使武士縛信，斬之長樂鐘室……遂夷信三族。」
《史記．呂太后本紀》：
「所誅大臣多呂后力。」

接著，要確保自己**兒子當皇帝**。

林劍鳴《秦漢史》：
「惠帝……成為西漢王朝的第二代皇帝，也是經過幾次反覆才確定下來。」

雉喵的兒子是劉邦喵的**嫡長子**。

中國人民公安大學法學文庫《繼承法律制度研究》：「呂后所生的嫡長子劉盈……」劉盈即後來的漢惠帝。

按照**禮法**，

嫡長子有**接班**做新皇帝的傳統。

林劍鳴《秦漢史》：「次子劉盈，其母呂雉是劉邦原配夫人，因此，劉邦稱帝後即將劉盈立為太子。」

可劉邦喵的**妻妾兒女一大捆**。

（這傢伙又不按規矩來……）

《史記．呂太后本紀》：「（戚姬）欲立其子代太子……是時高祖八子。」

林劍鳴《秦漢史》：「劉盈的太子地位也發生了動搖。」

怎麼辦呢？

還是剁了！

《史記．呂太后本紀》：
「呂后最怨戚夫人及其子趙王……太后遂斷戚夫人手足，去眼，煇耳，飲瘖藥，使居廁中，命曰『人彘』。」
白壽彝《中國通史》：
『毒死趙王如意。』

而且**兒子**是**自己人**。

《史記．呂太后本紀》：
「呂太后……生孝惠帝。」

兒媳婦也得是**自己人**。

於是，雉喵甚至把自己的**外孫女嫁給親兒子**。

《漢書・五行志》：
「是歲十月壬寅，太后立帝姊魯元公主女為皇后。」

當這一切**部署完畢**後，
雉喵才正式開始**鞏固**自己的**權力**。

《史記・呂太后本紀》：
「彊呂氏。」

漢朝是**老劉家**的。

翦伯贊《秦漢史》：「現在的天下，已經是劉家的天下了。」

皇帝姓劉，

《史記‧高祖本紀》：「高祖……姓劉氏。」

帝國內的**高層也姓劉**。

白壽彝《中國通史》：「子弟同姓為王者九國。」

要掌控就得讓呂氏也有權力

《史記・呂太后本紀》：
「太后欲侯諸呂。」

她先是把**呂氏的女性**，
嫁給各個**諸侯王**。

王桐齡《中國全史》：
「復以呂氏諸女配劉氏諸王。」
《史記・呂太后本紀》：
「太后召趙王友。友以諸呂女為受后。」

實行**全面監視**……

《史記・呂太后本紀》：
「（趙王）愛他姬，諸呂女妒，怒去，讒之於太后。」

誰要是**敢放肆**……

> 《史記‧呂太后本紀》：「（趙王）歌曰：『諸呂用事兮劉氏危……呂氏絕理兮託（托）天報仇。』」

就剁誰！

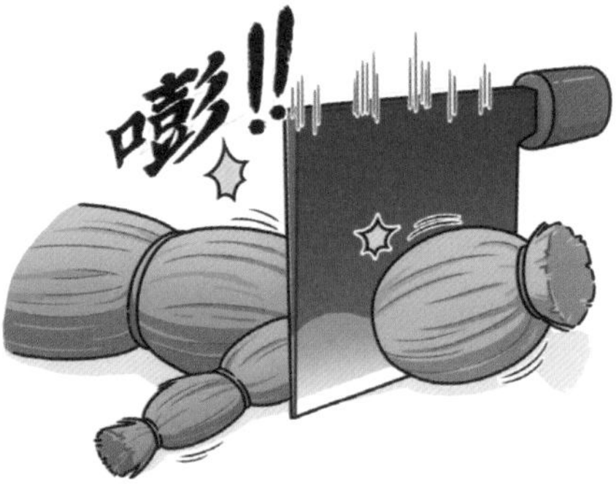

> 《史記‧呂太后本紀》：「丁丑，趙王幽死。」

然後呂后**分封**自己部分**娘家人**，
成為諸侯王。

> 白壽彝《中國通史》：「呂后……大封呂姓親屬為王為侯。」

無論是誰，只要**妨礙**到她的，

通通發便當！

張大可《史記·白話本》：

「（呂后）為了加強呂氏統治，不惜殘害高祖後代，打擊開國功臣……」

從此以後，朝野內外，

雉喵的**權力達到頂峰**。

林劍鳴《秦漢史》：

「呂后及其親信從此執掌了朝廷內外的軍政大權。」

皇帝人選**由她任免**，

帝國朝政**由她掌握**。

翦伯贊《秦漢史》：

「一切國家大政，則皆操之呂后。」

林劍鳴《秦漢史》：

「從公元前一八七年到公元前一八〇年，朝廷無皇帝，實際的皇帝就是呂雉。」

這便是**歷史上**第一個**由女性主政**的時期，
史稱**臨朝稱制**。

翦伯贊《秦漢史》：
「呂后——中國歷史上第一次出現的女皇。」
《資治通鑒．漢紀四》：
「太后臨朝稱制。」

雉喵在統治階層的鬥爭中**手段兇殘**，

白壽彝《中國通史》：
「呂后為人，剛毅殘忍。」

但在其**當政時期**，
她採取**與民休養**的政策。

白壽彝《中國通史》：
「呂后掌握朝政大權的十五年間，執行的是劉邦確定的休養生息、恢復民力的政策。」

不但**廢除**前朝**苛法**，

《史記・呂太后本紀》：
「刑罰罕用，罪人是希。」
白壽彝《中國通史》：
「呂后秉政時，繼續減輕刑罰，廢除一人犯罪誅滅三族的殘酷刑律，又宣佈取消秦始皇時頒佈的百姓家中私藏圖書有罪的舊法令。」

而且**鼓勵農商**。

《史記・平準書》：
「孝惠、高后時，為天下初定，復弛商賈之律。」
《史記・呂太后本紀》：
「民務稼穡，衣食滋殖。」

讓疲憊不堪的**天下**得以**恢復元氣**。

白壽彝《中國通史》：
「呂后當政的十五年中，社會生產得到發展，社會經濟處於上升趨勢。」

從而**維護**了漢朝的**穩定**。

《史記．呂太后本紀》：「高后女主稱制，政不出房戶，天下晏然。」

然而，無論是**劉氏**還是**呂氏**，
漢初並立的**各諸侯王仍然是**對皇權的**威脅**。

白壽彝《中國通史》：「諸侯王國名義上受朝廷節制，但它們有割據之實，專制皇權不能施行于王國所屬的郡縣。」

這個矛盾將如何解決呢？

（且聽下回分解。）

編者按

「臨朝」為當朝處理國政，「稱制」為行使皇帝權力（《辭源》《辭海》）。封建時代，嗣君年幼，尚無法親自聽政，由皇后、皇太后或太皇太后等女性來代理朝政，被稱為『臨朝稱制』。我國歷史中第一個正式『臨朝稱制』、掌握實權的女性就是呂雉。從呂后稱制開始，後宮介入朝政，太后干政現象不斷發生。

為了鞏固自己的勢力，掌權的女性統治者往往選擇提拔和依靠自己的娘家兄弟、父親。外戚干政也隨之出現，統治集團內部又多了一股勢力來爭權奪勢。

參考來源：《史記》、《漢書》、《資治通鑒》、《講談社．中國的歷史 03．始皇帝的遺產：秦漢帝國》、白壽彝《中國通史》、錢穆《秦漢史》、孟建安《中國文化概論》、翦伯贊《秦漢史》、王桐齡《中國全史》、林劍鳴《秦漢史》、趙毅主編《呂后大傳》、柳春藩主編《臨朝太后大傳》、楊東晨《王朝興亡：西漢興亡史》、張大可《史記．白話本》、人民教育出版社《義務教育教科書．歷史七年級上冊教師教學用書》、中國人民公安大學法學文庫《繼承法律制度研究》

附錄

【酒宴嫁女】

據說呂雉的父親懂得看面相。
在宴會上，他看出劉邦是貴相，
就把自己女兒嫁給了他。

【尋夫記】

傳說劉邦頭上有雲氣，
他躲在山上時，
呂雉總是循著雲氣找到他。

【匈奴的挑釁】

匈奴的冒頓單于曾寫信
讓呂后從了自己。
呂后雖然憤怒，
但為了避免戰爭，
只是禮貌性地回絕了。

百群喵檔案

湯圓小劇場

《精緻的湯圓》

湯圓是一個對食物要求很嚴格的人。
就如同對自己的體重一樣嚴格。
湯圓從挑選食材到烹飪方法都十分考究。
聰明的她不會放過任何一個細節。
精緻與優雅貫穿了她生活的方方面面。
可就是很難吃而已……
嘔！

《盡力了》

就這樣……扭一扭……
嗯嗯！
哇哦！
好了，你試一遍。
完美～
專心致志
嗯……
呃……

湯圓

水瓶座

生日：2 月 14 日

身高：168 公分

最喜歡的花：玫瑰

最愛的食物：蘋果

性格特點：有點脫線又很聰明，性格很好

（湯圓擬人介紹）

湯圓的店鋪

Tangyuan's Shop

第三十四回◉文景之治

經過**八年鬥爭**，

王桐齡《中國全史》：
「漢王起豐沛，八年而成帝業。」
朱學勤《劉邦》：
「（劉邦）用三年多一點時間……推翻了秦的統治。」
南京師範大學古文獻整理研究所編著《江蘇藝文志》：
「滅秦後……（劉邦）與項羽展開長達五年的楚漢戰爭。」

漢，成了新的**華夏之主**。

王桐齡《中國全史》：
「遂以漢為有天下之號。」

然而在大一統的**漢初時期**，

國家**實行**的卻是**「郡國並行」**制。

王桐齡《中國全史》：
「漢興，折衷於封建制度與郡縣制度之間，實行郡國制度。」

意思就是，帝國內**部分**土地歸**皇帝**管。

趙沛《政治與社會互動：西漢政治史的視角》：
「漢中央直接掌握的土地，主要集中在舊秦國疆域之內，也包括韓、魏、楚西部的部分土地。」

另一部分則歸**諸侯王們**管。

趙沛《政治與社會互動：西漢政治史的視角》：
「關東廣大地區盡為諸侯王佔據。」

諸侯王可以**統治**自己領地的**喵民**，

趙沛《政治與社會互動：西漢政治史的視角》：
「（諸侯王國）在政治上基本保持著半獨立的狀態。」

也能**發展**自己的**軍隊**。

白壽彝《中國通史》：
「各王都擁有兵眾。」

所以**無論**是**早期**一同
打江山的**功臣派諸侯**，

王桐齡《中國全史》：
「諸將韓信、彭越、英布、盧綰……皆得分茅裂土，錫（賜）封大國。」

還是**中期**皇后**娘家派諸侯**，

白壽彝《中國通史》：
「呂后當政時……分封外戚諸呂等共八個王。」

或是**後來**的老劉家**同姓派諸侯**，

白壽彝《中國通史》：
「同姓王聯合朝廷大臣誅滅了諸呂，立有殊功，以後力量更為膨脹。」

通通都可能對中央**產生威脅**。

王桐齡《中國全史》：
「強諸侯事事與中央為難，中央無力駕馭之。」

那麼**皇族**與諸侯**王族**的矛盾，
將**如何解決**呢？

白壽彝《中國通史》：
「封國問題是西漢前期的
嚴重問題。」

這個重任落在了**第三**代和**第四**代漢帝肩上。

人民教育出版社《義務教育
教科書・歷史七年級上冊教
師教學用書》：
「劉恒……西漢第三位皇
帝。」

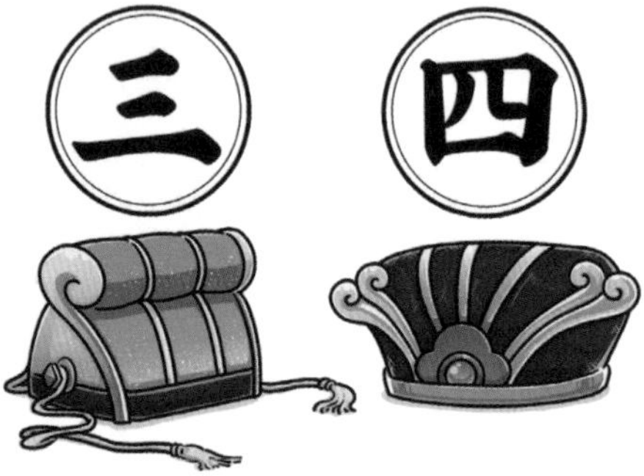

他們便是**文、景兩帝**。

人民教育出版社《義務教育
教科書・歷史七年級上冊教
師教學用書》：
「漢文帝，名劉恒……漢景
帝劉啟，漢文帝長子。」

說起來，這**爺倆**基本是**幸運之神**轉世。

文帝喵一開始其實並
不是正規的皇帝**候選人**。

《史記·孝文本紀》：『孝文皇帝，高祖中子也。』

可因為其他**候選人**該掛的都掛了……

（沒掛的又沒人支持……）

《史記·呂太后本紀》：「諸大臣相與陰謀曰：『少帝及梁、淮陽、常山王，皆非真孝惠子也』。」「欲立淮南王，以為少，母家又惡。乃曰：『代王方今高帝見子，最長，仁孝寬厚』……大臣皆往謁，奉天子璽上代王，共尊立為天子。」

於是他就被扶上去**當了新皇帝**……

《漢書・高五王傳》：「而代王立，是為孝文帝。」

文帝在位時期，
漢朝中央**實力有限**。

《中國大百科全書・中國歷史》：「文帝時賈誼、晁錯都已經提出削藩之策，但文帝礙於形勢，未予實行。」

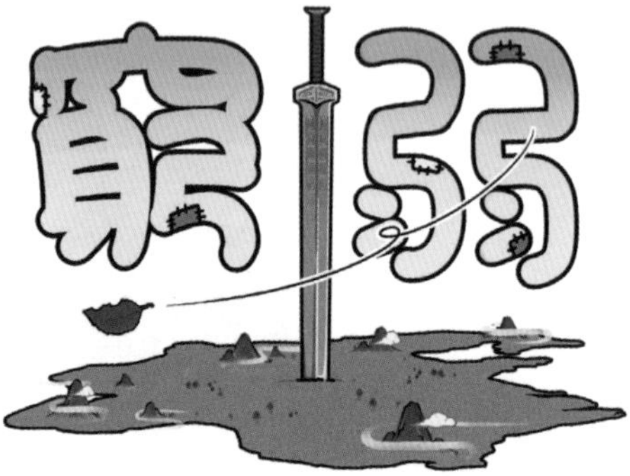

所以他當時對待諸侯們的**基本國策**就是：
只要不過分……你要啥我**盡量滿足**你。

《史記・孝文本紀》：「填撫諸侯四夷皆洽歡。」

對待**外來侵略**也是**盡量忍著**。

《史記．孝文本紀》：「與匈奴和親，匈奴背約入盜，然令邊備守，不發兵深入，惡煩苦百姓。」

當然**惹急了**……

《史記．孝文本紀》：「五月，匈奴入北地，居河南為寇。」

也會**打回去**……

《史記．孝文本紀》：「六月，帝曰：『……其發邊吏騎八萬五千詣高奴，遣丞相潁陰侯灌嬰擊匈奴。』匈奴去。」

文帝喵的**隱忍**給喵民們帶來
穩定的**社會環境**。

王桐齡《中國全史》：
「在位二十三年間，內政修明，人民樂業。」

而且**帶頭工作**……

《史記・孝文本紀》：
「正月，上曰：『農，天下之本，其開籍田，朕親率耕，以給宗廟粢盛。』」

經過他的**努力**，
國家的經濟得到**充足發展**。

《史記・孝文本紀》：
「是以海內殷富，興於禮義。」

然後，他就**光榮病死了**……

王玉德等《中國宮廷文化集觀》：「漢文帝後元七年，病死於長安未央宮。」

而接替他的則是**景帝喵**。

白壽彝《中國通史》：「漢景帝劉啟……公元前一五七年即皇帝位。」

景帝喵原本也**不是**正統的皇帝**候選人**。

《史記・孝景本紀》：「孝景皇帝者，孝文之中子也。母竇太后。孝文在代時，前后有三男，及竇太后得幸，前后死，及三子更死，故孝景得立。」

可因為其他**候選人**該掛的**都掛了**……

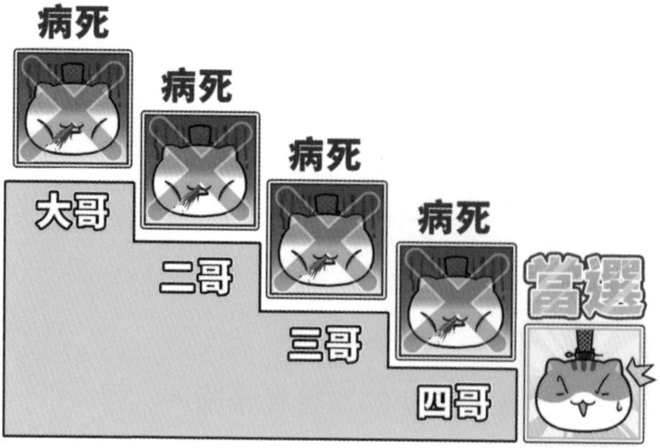

《史記・外戚世家》：
「而代王王后生四男……
及代王立為帝，而王后所生
四男更病死。」

他就……**被推**上去**當了新皇帝**。

《史記・孝景本紀》：
「故孝景得立。」

景帝喵上位後**繼續**實行**發展農商**的政策。

也繼承了工作。
好累

白壽彝《中國通史》：
「景帝繼續實行薄賦勸農的政策……入粟拜爵，也大有助於商人政治地位的提高。」

但對諸侯王……

那個……

白壽彝《中國通史》：
「景帝時，諸侯王的封地和權力仍然是威脅皇朝的力量。」

就沒那麼客氣了……

呃……

《漢陽陵博物館》：
「景帝……採取各種方式削奪諸侯王封地，用以限制諸侯王膨脹的勢力。」

他採取**「削藩」**的建議，
開始找藉口**縮減諸侯的國土**。

白壽彝《中國通史》：
「景帝即位後，採納了晁錯提出的『削藩』建議，逐步削奪諸侯王國的一部分土地，收歸朝廷直接統轄。」

行為不軌！（削！）

翦伯贊《秦漢史》：
「楚王戊因在薄太后服內私奸服舍而削東海郡。」

觸犯律法！（削！）

翦伯贊《秦漢史》：
「趙王遂亦因罪而削其常山郡。」

胡搞瞎搞！（削！）

翦伯贊《秦漢史》：「膠西王卬因賣爵事有奸，因削其六縣。」

反正就是**一頓削**……

林劍鳴《秦漢史》：「朝廷不斷下令削地。」

這樣諸侯們當然**不高興！**

林劍鳴《秦漢史》：「被削地之王，當然甚為不滿，未被削地之王……也都惶惶不安。形勢到了一觸即發的地步。」

於是**他們**抄起傢伙就**反了**。

白壽彝《中國通史》：
「依次將削吳。於是吳王劉濞聯合楚、膠西等國謀反……膠西、膠東、菑川、濟南、楚、趙亦一齊反叛。」

這正是歷史上的**「七國之亂」**。

白壽彝《中國通史》：
「藩國割據勢力與統一國家權力的矛盾進一步發展，終於在景帝前元三年爆發了吳、楚七國之亂。」

但你要知道，經過**發展後**的**漢中央**
已經**力量大增**。

白壽彝《中國通史》：「人心向背、軍事實力及戰略戰術諸方面的因素都是漢軍見長。」

七國聯軍浩浩蕩蕩而來。

白壽彝《中國通史》：「七國反，朝廷震動。」

三個月後，呼啦啦……就被**全滅了**……

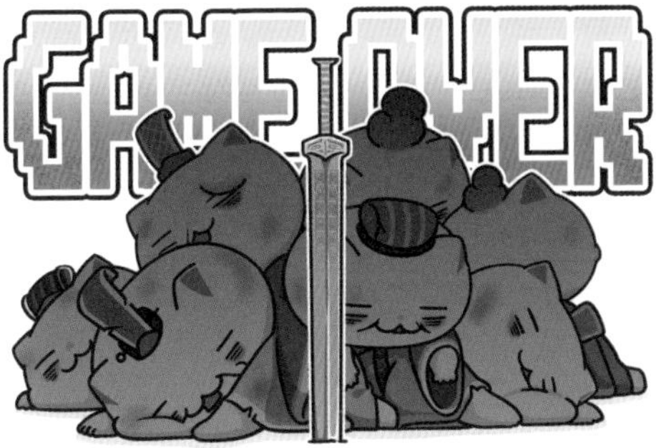

白壽彝《中國通史》：「在三個月內漢軍便平定了吳楚七國之亂。」

原本充滿威脅的**七個諸侯國，**

《史記・孝景本紀》：「吳王濞、楚王戊、趙王遂、膠西王卬、濟南王辟光、菑川王賢、膠東王雄渠反，發兵西鄉。」

一起**全被揍了一頓。**

《史記・孝景本紀》：「上乃遣大將軍竇嬰、太尉周亞夫將兵誅之。」

漢中央昭示了它**強大的實力**。

林劍鳴《秦漢史》：「說明地方割據勢力無力與中央王朝抗衡。」

而景帝喵也趁機**收回**了
各諸侯國的**行政權**。

白壽彝《中國通史》：「朝廷乘平亂的餘威，免除了各王的行政權力。」

從此**諸侯王**只能享受**封國賦稅**，

《中國大百科全書．中國歷史》：「削去諸侯王各項特權，僅許其衣食稅租。」

而**無統治權力**。

白壽彝《中國通史》：
「規定諸侯王不再治民。」

諸侯國對中央的**威脅大大減弱**。

白壽彝《中國通史》：
「從此諸侯王強大難制的局面大為緩和，漢朝統一國家得到進一步鞏固。」

至此，經過文景**兩代**皇帝的**努力，**

皇權**控制住**了**王權**。

林劍鳴《秦漢史》：
「各諸侯王國實力更加削弱。」

實現**華夏歷史上第一個**治世，
史稱**「文景之治」**。

人民教育出版社《義務教育教科書・歷史七年級上冊教師教學用書》：
「文景之治，是指西漢文帝、景帝兩代約40年間政治穩定、經濟生產得到顯著發展的『治平之世』，也是中國封建社會歷史上第一個治世。」

然而**內部**的威脅雖然**得到控制**，
外部的憂患將**如何面對**呢？

《資治通鑒・漢紀六》：
「匈奴單于遺漢書曰：
『……吏卒良，馬力強。』」

（且聽下回分解。）

編者按

文帝在位期間主張輕徭薄賦，大力恢復經濟。他本人極為節儉，臨終時還下詔不許厚葬。文帝得到各代文人的讚譽，也得到百姓的尊崇。西漢末年赤眉軍攻佔長安，西漢皇陵均被破壞，唯有文帝陵受到保護。景帝則進一步減少田租，勸農，還令皇后督導養蠶、織布等事宜。此外，文景父子還考察民情、體恤民意，廢除了部分秦留下的嚴刑峻法，扭轉了秦暴政給民眾留下的陰影。

在四十年左右的時間裡，兩位君主將一個民生凋敝的社會治理得井井有條（《資治通鑑》：『流民既歸，戶口亦息，列侯大者至三四萬戶，小國自倍，富厚如之』）。他們的成果不僅為隨後的盛世打下基礎，其治國方法也給後世留下了深刻的啟示。

漢文帝 漢景帝——拉麵(飾)

參考來源：《史記》、《漢書》、《資治通鑒》、《漢陽陵博物館》、《中國宮廷文化集觀》、《中國大百科全書·中國歷史》、白壽彝《中國通史》、翦伯贊《秦漢史》、林劍鳴《秦漢史》、王桐齡《中國全史》、朱學勤《劉邦》、南京師範大學古文獻整理研究所編著《江蘇藝文志》、趙沛《政治與社會互動：西漢政治史的視角》、人民教育出版社《義務教育教科書·歷史七年級上冊教師教學用書》

附錄

【天子牌狗糧】

文帝立皇后時，
賜天下鰥寡孤獨和貧窮困苦的人
一定數量的布、帛、米、肉，
普天同慶。

呃……

* 單身的人被戲稱為單身狗，而情侶對著「單身狗」秀恩愛的行為被戲稱為「發狗糧」。

平平淡淡才是真。

【最「摳」皇帝】

文帝在位23年，
沒有添置任何宮殿、服飾、用具。
有一次，聽說宮裡建露臺
要花一百斤黃金，
他立馬拒絕了。

【苦樂共擔】

景帝晚年仍與百姓同甘共苦。
打仗勝了，全國宴飲五天；
收成不好就叫人們少吃點，
別太早把糧食吃完。

這周大家一起絕食五天吧……

百群喵檔案

拉麵小劇場

《不公平》

《唯有美食不可辜負》

拉麵

雙子座

生日：6 月 1 日

身高：180 公分

最喜歡的花：水仙

最愛的食物：漢堡

性格特點：性格隨和，只有吃不到好吃的東西時才會發脾氣

（拉麵擬人介紹）

拉麵的店鋪
Lamian's Shop

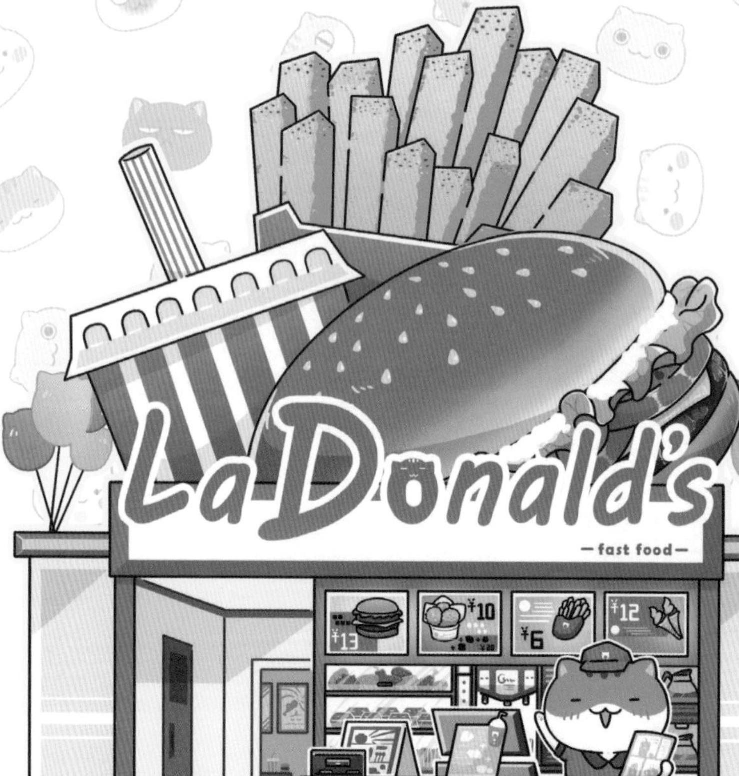

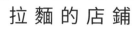

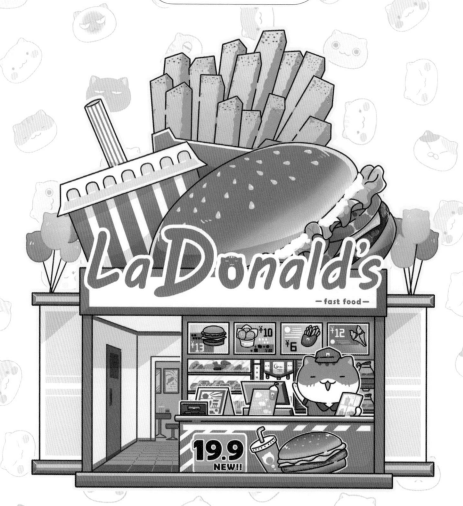

第三十五回 ◉ 漢武大帝

自漢**高祖**劉邦喵**建國**以來，

白壽彝《中國通史》：「漢五年二月，劉邦在定陶即皇帝位，建立了西漢皇朝。」

高后改革，

《史記・呂太后本紀》：「高后女主稱制，政不出房戶，天下晏然。」

文景二帝**休養**，

人民教育出版社《義務教育教科書・歷史七年級上冊》：「文景時期……社會比較安定，百姓富裕起來。」

經歷了**幾代的努力**，
漢帝國的**根基**逐漸**穩固**。

人民教育出版社《普通高中課程標準實驗教科書．歷史必修三教師教學用書》：「隨著幾十年的休養生息政策的推行，到了漢武帝時期，國力強盛，出現我國封建時代第一個鼎盛時期。」

這個新興王朝**發展**的**計畫**，
終於**放入時間表**。

《劍橋中國秦漢史》：「武帝時期標誌著漢代歷史的新轉折。」

而這個**重擔**，

則落到了**第五代**繼承人的**肩上**。

徐寒《中國歷史百科全書・政治制度卷》：「漢朝第五代皇帝。」

這正是**大名鼎鼎**的大漢孝武帝——**劉徹喵！**

徐寒《中國歷史百科全書・政治制度卷》：「漢武帝劉徹。」

徹喵**少年登基**，

徐凱《中國歷史上的重要革新與變法》：「漢武帝少年登基作（做）皇帝。」

他**上位時**還是個**十六歲**的小可愛。

> 《漢書．武帝紀》：
> 「十六歲……太子即皇帝位。」

他接手的漢帝國，

人口和經濟已經得到了**巨大的提高**。

> 白壽彝《中國通史》：
> 「自漢朝開國至武帝初年，由於連續實行恢復生產和休息民力的政策，國家已擁有相當充足的經濟實力。」

前代們的**努力**，

為他**準備了**足夠的**資本**。

> 葛劍雄《疆域與政區》：
> 「經過『文景之治』之後，漢代在經濟上有了一定的恢復與發展，到了武帝初年，國家已有了比較充足的積蓄。」

而擺在徹喵**面前**的主要是**兩座大山**。

內部是**諸侯王**的林立，

人民教育出版社《義務教育教科書・歷史七年級上冊教師教學用書》：

「此時的王國治權雖被減少，但擁地依然廣袤，對中央集權依然存在威脅。」

外部則是**匈奴**的威脅。

人民教育出版社《普通高中課程標準實驗教科書・歷史必修三教師教學用書》：

「邊境不寧：主要是北方匈奴對西漢的威脅。」

怎辦呢？

先**統一思想**！

儒家學說講究**「忠君」「愛民」**，

《論語．八佾》：
「孔子對曰：『臣事君以
忠。』」
《孟子．盡心下》：
「孟子曰：『民為貴，社稷
次之，君為輕。』」

也就是說，
它既能**維護君主**，也能讓**民眾接受**。

於是乎，徹喵**剔除其他學說**，

人民教育出版社《義務教育教科書．歷史七年級上冊教師教學用書》：
「漢武帝對董仲舒的大一統思想非常賞識，將不治儒學的太常博士一律罷黜，排斥黃老等百家之言於官學之外。」

將**儒學**定為唯一**官學**。

白壽彝《中國通史》：
「確立了『罷黜百家，獨尊儒術』的政策，儒學居於獨尊地位，成為此後整個漢代以至兩千年封建社會間統治人民的正統思想。」

從此大量的**人才**通過儒學被**提拔**，

人民教育出版社《義務教育教科書．歷史七年級上冊教師教學用書》：
「『罷黜百家，獨尊儒術』以後，官吏主要出自儒生。」

儒生的增加，使皇帝的**權威**得到**加強**。

人民教育出版社《普通高中課程標準實驗教科書．歷史必修三教師教學用書》：「用文學儒者數百人參與國家大政……鞏固了封建統治基礎。」

而**徹喵**正是運用了**皇帝的權威**，
開始對諸侯王**動刀子**。

葛劍雄《疆域與政區》：「實行推恩令……實際上帶有強迫的性質。」

漢朝初期是**天子**和**諸侯王（們）**共治天下的局面。

王桐齡《中國全史》：「漢興，折衷於封建制度與郡縣制度之間，實行郡國制度。」

諸侯王的**領地世襲**，

《漢書・主父偃傳》：『今諸侯子弟或十數，而適（嫡）嗣代立。』

也就是**老子**掛了由**嫡長子繼承**。

不是**嫡長子**的就只能垂頭喪氣**靠邊站**了。

《漢書・主父偃傳》：「餘雖骨肉，無尺地之封。」

利用這一點，徹喵頒佈了**「推恩令」**。

白壽彝《中國通史》：「武帝時採納主父偃的獻策，制定推恩令。」

意思就是你們諸侯王**不要偏心**。

白壽彝《中國通史》：「允許諸侯王推『私恩』把王國土地的一部分分給子弟為列侯。」

除了給**嫡長子**封地，

也**可以**給**其他子弟封地**。

人民教育出版社《義務教育教科書・歷史七年級上冊》：「下令允許諸王將自己的封地分給子弟，建立較小的侯國。」

這樣的**政令**當然**受到**諸侯王子弟們的**擁戴**。

白壽彝《中國通史》：「推恩的辦法是有關的皇族所願意或樂意接受的。」

於是乎，**大諸侯王國拆分**出很多**小諸侯國**。

人民教育出版社《義務教育教科書·歷史七年級上冊教師教學用書》：「諸侯國的封地層層再分封，諸侯王越來越多。」

王國變**侯國**，**越分越小**。

人民教育出版社《義務教育教科書·歷史七年級上冊教師教學用書》：「王國依次遞封，諸侯王封地越來越小。」

諸侯王的**勢力**幾乎**削盡**，

葛劍雄《疆域與政區》：「經過推恩法，諸侯王國的實力已被嚴重削弱，再也無法構成對中央政權的威脅了。」

但**光削弱**你的勢力**還不夠**，

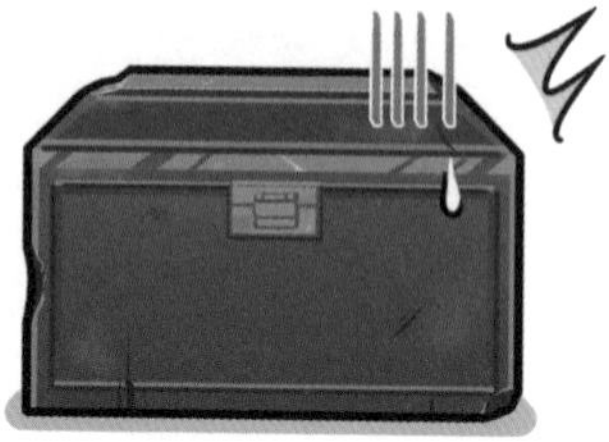

還要**削「滅」**你！

《劍橋中國秦漢史》：「在公元前一一二年……朝廷有意識地廢黜了一批侯。」

所以徹喵直接**找了個藉口**，

說諸侯們**祭拜**時用的**黃金成色不好**！

白壽彝《中國通史》：「元鼎五年，武帝以列侯酎金斤兩成色不足為名。」

咔嚓一下就把**侯國收了回來**。

白壽彝《中國通史》：「削奪一〇六個列侯的爵位。」

從此，林立的**諸侯王國**幾乎被**消滅殆盡**。

帝國**內部**才**真正**實現了**統一**。

翦伯贊《秦漢史》：「在中央集權的政治之下，政令統一。」

但帝國**安穩**嗎？

不安穩。

《中國軍事通史》：「（漢武帝）不甘心……處於屈辱的地位，決心……解除長期困擾西漢王朝的邊患。」

因為**另一座大山**，正是外面的**匈奴**。

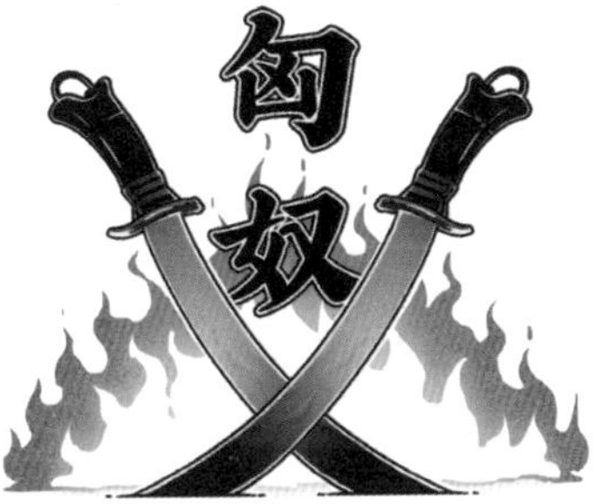

葛劍雄《疆域與政區》：「匈奴在邊地的小規模侵擾依然不斷，成為漢朝北部邊地很大的憂患。」

大漢**剛建立**時因為**疲憊不堪**，

人民教育出版社《義務教育教科書．歷史七年級上冊》：「西漢初年，經濟蕭條，到處一片荒涼景象。」

所以匈奴幹啥事……就**都忍了！**

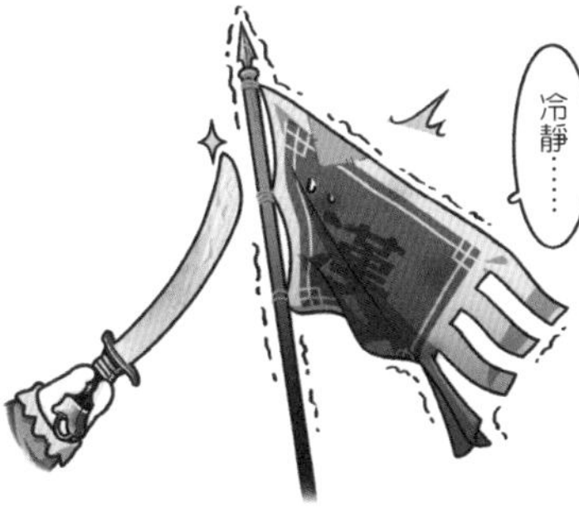

葛劍雄《疆域與政區》：「從高帝到武帝初年……由於漢的力量不夠強大……無法將匈奴制服，只得採取權宜之計，用和親等對匈奴有利的辦法，換取暫時的邊地安寧。」

但**徹喵時期**的漢朝已**今非昔比**，

袁明全《漢武帝時期戰時財政簡述》：「西漢經過文、景時期數十年的休養生息，到漢武帝即位時，國力已經有了很大增強……豐厚的物質基礎為西漢朝廷準備了反擊匈奴的巨大軍事經濟保障。」

從此漢帝國**送往匈奴**地區的

不再是美女和**財寶**，

而是**大量的兵團**。

人民教育出版社《義務教育教科書．歷史七年級上冊》：「漢武帝時，國力強盛，組織了強大的騎兵部隊，開始對匈奴實行大規模的反擊。」

徹喵先後**對北方的匈奴**
進行了**三次**大規模**打擊**。

白壽彝《中國通史》：「元朔二年，匈奴入侵，漢遣衛青領兵從雲中出擊。」「元狩二年，武帝命霍去病將兵遠征。」「元狩四年，漢發騎兵十萬。」

匈奴喵不僅**節節敗退**，

白壽彝《中國通史》：「匈奴再也無力從正面進攻關中一帶。」「沉重地打擊了匈奴右部。」「匈奴單于……被衛青擊敗，遁走……匈奴主力向西遠徙。」

大片的**土地**更是被**併入**大漢的**版圖**。

白壽彝《中國通史》：「奪回河套一帶……漢得河西四郡地……漢軍佔領了自朔方以西至張掖、居延海的大片土地。」

在**徹喵**的**統治下**，
漢帝國疆土**東至朝鮮**，
西至中亞，南至越南中部和南海，
北至陰山以北。

葛劍雄《疆域與政區》：「漢朝的南疆由此擴展到了今越南的中部地區。」「武帝時……漢朝的邊界線便到了今陰山山脈（內蒙古自治區中部山脈）一線。」「武帝在朝鮮半島上……轄境到了今漢江流域。」「武帝……控制了整個河西走廊與湟水流域……打通了通往西域的道路，以便經營西域。」

幾乎**比漢初**疆域**大了一倍**。

葛劍雄《統一與分裂·中國歷史的啟示》：「（漢武帝時期）漢朝的疆域也就擴展到了空前的範圍。」

大漢真正成了**名副其實**的**超級帝國**。

人民教育出版社《義務教育教科書·歷史七年級上冊》：
「直到漢武帝時，漢才真正成為當時世界最強大的國家。」

而完成這一切他**只用了三十年**的時間。

周振鶴《西漢政區地理》：
「武帝建元六年（公元前一三五年）起，西漢疆域開始向外擴展。」
馬孟龍《西漢侯國地理》：
「至元豐年間（公元前一一五——公元前一〇五），漢帝國周邊政權幾乎被全部消滅。」

徹喵作為漢的**第五代皇帝**，
很好地**完成了**他的**歷史任務**。

白壽彝《中國通史》：
「漢武帝是兩漢時期雄才大略的皇帝，他建立了封建專制主義多方面的制度，舊史往往以他與秦始皇並舉，稱為『秦皇漢武』。」

在位期間，
他加強了**中央集權**和**君主專制**，

人民教育出版社《普通高中課程標準實驗教科書．歷史必修一教師教學用書》：
「漢武帝是中央集權強化進程中關鍵性的人物之一。」

對外**開拓**，對內**收權**，

葛劍雄《疆域與政區》：
「漢武帝……開始了開疆拓土的活動。」
人民教育出版社《普通高中課程標準實驗教科書．歷史必修一教師教學用書》：
「漢武帝在位期間……不斷加強了中央的統治，也不斷削弱了地方的力量。」

為**漢朝後世**三百多年**奠定**了實質的**基礎**。

商務印書館《現代漢語詞典》：

「漢（公元前二〇六——公元二二〇），劉邦所建。」

馬作武《中國法律思想史綱》：

「漢武帝在位五十三年，著手對西漢前期的政治、經濟制度進行改革，為完善中央集權的官僚體制奠定了基礎。」

更讓**「漢」**成為了**民族稱號**。

孫宏年《四海一家．邊疆治理與民族關係》：

「由於漢朝的強大及其深遠影響，中國的主體民族——漢族也在漢朝形成。」

但月滿則虧，

強盛的**漢朝**又會遇到**怎樣**的**波瀾**呢？

（且聽下回分解。）

編者按

毫無疑問，漢武帝是一位雄才大略的君主。他對內勵精圖治，對外鐵血征伐，不僅完成了推恩削藩，遠征匈奴，還通西域，平兩越（南越、閩越），定西南夷等。他當政時，王朝達到鼎盛，被認為是中國歷史上最強盛的時代之一。

但榮耀背後也有弊端。武帝對外征戰一生，窮兵黷武，使原本殷實的國庫變得空虛。此外，他晚年求神問道，遍訪仙蹤求仙藥，後引出『巫蠱之禍』，冤死太子、皇后，受牽連而死的人多達數萬。查明真相後，漢武帝深受打擊，發佈『罪己詔』並採取彌補措施，把治國重心放回民生上。能夠知過並坦而改之，這在歷代帝王中實屬少有。

漢武帝——烏龍（飾）

參考來源：《史記》、《漢書》、《論語》、《孟子》、《劍橋中國秦漢史》、《中國軍事通史》、白壽彝《中國通史》、徐寒《中國歷史百科全書．政治制度卷》、徐凱《中國歷史上的重要革新與變法》、葛劍雄《疆域與政區》及《統一與分裂．中國歷史的啟示》、王桐齡《中國全史》、翦伯贊《秦漢史》、袁明全《漢武帝時期戰時財政簡述》、周振鶴《西漢政區地理》、馬孟龍《西漢侯國地理》、馬作武《中國法律思想史綱》、孫宏年《四海一家．邊疆治理與民族關係》、商務印書館《現代漢語詞典》、人民教育出版社《義務教育教科書．歷史七年級上冊》及《普通高中課程標準實驗教科書．歷史必修一教師教學用書》及《普通高中課程標準實驗教科書．歷史必修三教師教學用書》

附錄

【帝國雙璧】

衛青和霍去病
是武帝時最著名的將領，
對於當時的匈奴人來說，
他們倆就是死神的代名詞。

【武帝的小名】

漢武帝的小名叫劉彘[ㄓˋ]，
就是小豬的意思。

【絲綢之路】

為組成抗匈聯盟，
武帝曾派人出使西域，
卻意外打通了連接
東西方貿易的「古絲綢之路」。

《烏龍的照片》

彩色照
黑白照
彩色照

《愛乾淨的烏龍》

烏龍醬把家打掃得閃閃發光。
好累……
烏龍在不在？
嘩
啊！是最新口味的洋芋片！
撕
掉
烏龍醬！冷靜啊！

烏龍

巨蟹座

生日：7 月 11 日

身高：180 公分

最喜歡的花：山茶花

最愛的食物：起司草莓蛋糕

性格特點：溫柔沉默，喜歡照顧別人

（烏龍擬人介紹）

烏龍的店鋪
Wulong's Shop

第三十六回◉王莽代漢

經過漢初的**發展**，

皇帝的權力得到空前的**集中**。

翦伯贊《秦漢史》：「西漢的政治，到武帝時，便走進了一個新的階段，這就是完成了中央集權政治體制的建立。」

然而，**權力**永遠只是**強者**的**武器**。

當帝國的**統治者無能**之際，

白壽彝《中國通史》：「元帝時，皇家威權下降。」

就會出現**臣強君弱**的情況。

白壽彝《中國通史》：
「朝中各種勢力乘時而起，
展開爭權奪勢的鬥爭。」

到**漢朝末期**，

人民教育出版社《義務教育
教科書．歷史七年級上冊教
師教學用書》：
「西漢後期朝政腐敗。」

勢弱的**皇帝**開始**借助**母族的**力量**。

白壽彝《中國通史》：
「成帝即位……宦官集團
在政治鬥爭中失勢，外戚集
團代之而起。」

這就是——

王氏外戚！

林劍鳴《秦漢史》：「自成帝開始，外戚王氏專權。」

在**皇帝**的**重用**下，

王氏集團**權傾朝野**。

白壽彝《中國通史》：「王氏家族中有十人先後封侯，五人任大司馬，長期把持朝政。」

而**一個喵**的出現，

為強大的**漢**帝國**敲響了喪鐘**。

人民教育出版社《義務教育教科書・歷史七年級上冊教師教學用書》：「立國二一〇年的西漢王朝至此結束。」

這個喵……正是**王莽喵**！

人民教育出版社《義務教育教科書・歷史七年級上冊教師教學用書》：「王莽……自稱為帝，改國號為『新』，史稱『新莽』。」

大家好，我是本期的反派。
王莽

作為**權貴一族**，**王氏**成員大多**生活奢靡**。

《漢書・王莽傳》：「莽群兄弟皆將軍五侯子，乘時侈靡，以輿馬聲色佚游相高。」

而王莽喵呢？

《漢書・王莽傳》：「莽獨孤貧。」

他不僅**勤奮好學**，

努力

《漢書．王莽傳》：「受《禮經》，師事沛郡陳參，勤身博學，被服如儒生。」

還**侍奉長輩**。

《漢書．王莽傳》：「事母及寡嫂……內事諸父……世父大將軍鳳病，莽侍疾，親嘗藥，亂首垢面，不解衣帶連月。」

伯父！這期連載真的好棒！
魯夫十五億了。
真的嗎……

正是這份**美德**，
讓王莽喵**受到**長輩的**推薦**。

白壽彝《中國通史》：「王鳳深為他的孝行所感動，臨死前再三囑咐成帝和妹妹王政君，一定要好好關照王莽。」

以後的劇情，我都會講給你聽的。
好孩子……

他被送到**朝廷當官**。

承蒙關照。

白壽彝《中國通史》：「王莽因此被征為黃門郎，開始了他的仕宦生涯。」

因為**做事認真**且**人緣極好**，

前輩的工作，我幫忙做好了。
使命必達
這是新買的單行本。
太感謝了。

《漢書．王莽傳》：「久之，叔父成都侯商上書，願分戶邑以封莽……當世名士，咸為莽言。」

王莽喵**平步青雲**。

升職

《漢書．王莽傳》：「上由是賢莽。永始元年，封莽為新都侯，國南陽新野之都鄉，千五百戶。遷騎都尉、光祿大夫、侍中。」

可即使**身居高位**，

《漢書．王莽傳》：
「爵位益尊……」

他還是**保持**著自己**樸素**的生活。

《漢書．王莽傳》：
「節操愈謙。」

甚至，經常把自己的**薪水**拿去**接濟窮喵**。

（這真的是一個反派嗎？）

他的樣子也很窮啊……
大漢喵商銀行 現金支票
¥1,000,000

《漢書．王莽傳》：
「散輿馬衣裘，振施賓客，家無所餘。」

長此以往，

王莽喵受到了從中央到百姓的**集體按讚**。

《漢書·王莽傳》：「故在位更推薦之，遊者為之談說，虛譽隆洽。」

感謝老闆，感謝我的粉絲。
阿媽，我得咗啦！（媽媽，我成功啦！）

即便到後來**隱退**了，

林劍鳴《秦漢史》：「公元前七年，成帝死，哀帝……繼帝位……王莽深諳宮廷內風雲變幻，見勢不利，主動上書……求隱退。」

大漢中央政府
資遣職員證
大漢勞動廳製
編號 0068
身分證號 609578
發證單位 大漢中央政府

還是很快被**返聘**回**中央**……

大漢中央政府
資遣職員證
編號 0068
身分證號 609578
發證單位 大漢中央政府
作廢

林劍鳴《秦漢史》：「王莽在朝廷失勢，但在鄉里名聲日增……元壽元年……哀帝召回王莽。」

那麼，這樣一個**「傻白甜」**的人物……

理想就是做一個好人嗎？

不！

王莽喵有他自己的**政治抱負**。

林劍鳴《秦漢史》：

「（王莽）野心頗大。」

西元前1年，皇帝掛了。

《漢書・王莽傳》：
「哀帝崩，無子。」

王莽喵**擁立**9歲的**小皇帝登基**，

林劍鳴《秦漢史》：
「公元元年僅九歲形同殘廢的劉衎就被推上帝位。」

從此**總攬**政務**大權！**

林劍鳴《秦漢史》：
「七十一歲的元后臨朝稱制。這一老一小只得把朝政交付給王莽處理。」

當然……

他還是**保持了**自己艱苦**樸素的生活……**

節儉

《漢書・王莽傳》：「每有水旱，莽輒素食。」

天災的時候，

他甚至**帶頭**讓官吏們

捐獻出土地來**救濟災民**。

啊……
大漢喵商銀行 土地捐贈
30.0000 頃

《漢書・王莽傳》：「莽因上書，願出錢百萬，獻田三十頃，付大司農助給貧民。於是公卿皆慕效焉。」

作為**臣子**的他直接被**稱頌為聖人……**

白壽彝《中國通史》：「在有計劃的輿論製造下，王莽成了當代聖人。」

這樣的**「人氣」**

讓王莽喵**產生**了當皇帝的**野心**。

翦伯贊《秦漢史》：

「（王莽）大有取漢家天下而有之的野心。」

碰巧，這時**小皇帝**也**死了**……

（這真的不是他幹的嗎？）

白壽彝《中國通史》：

『在所謂天命人心都傾向於王莽的情況下，已長到十四歲的平帝就不能不於公元五年駕崩了。』

於是，王莽喵一方面**擁立**

兩歲的小小**皇太子上位**，

《漢書・王莽傳》：

「乃選玄孫中最幼廣戚侯子嬰，年二歲……立宣帝玄孫嬰為皇太子，號曰孺子。」

一方面則**製造**自己是真命天子的**「祥瑞」**。

翦伯贊《秦漢史》：「王莽沒有忘記製造假祥瑞。」

例如**讓人**在野外**發現**一塊寫著**「王莽是皇帝」的石頭。**

《漢書．王莽傳》：「是月，前輝光謝囂奏武功長孟通浚井得白石，上圓下方，有丹書著石，文曰：『告安漢公莽為皇帝。』」

或者**找人獻上**寫著**「傳位給王莽」的天書……**

《漢書．王莽傳》：「梓潼人哀章……作銅匱，為兩檢……其一署曰『赤帝行璽某傳予黃帝金策書』……書言王莽為真天子。」

反正**經過**一番**造勢**……

TOP1 政治

#王莽出道#

閱讀數：107.7億　主持人：官方應援會

白壽彝《中國通史》：「在他（王莽）輔政的五年之間出現了很多瑞兆。」

王莽喵終於帶著**「天命所歸」**的架勢，

稱帝了！

白壽彝《中國通史》：「（王莽）戴上皇冠去見王太后，向她宣佈：『我不能不順從天意去作（做）真皇帝了。』」

這就是歷史上的**新朝！**

白壽彝《中國通史》：「王莽……建立了短暫的新朝。」

成為天子的**王莽喵**，
終於**如願以償**來**實現**自己的政治**抱負**。

在他看來，**漢末**一切的**苦難**
全都是因為**沒了「規矩」**。

《漢書·食貨志》：「莽……狹小漢家制度，以為疏闊。」

只有**恢復**西周時期的**制度**，
才能實現他**治國**安天下的**理念**。

《講談社·中國的歷史03·始皇帝的遺產：秦漢帝國》：「皇帝王莽否定了秦漢，意欲徹底回到周代制度。」

於是，他開始對國家**推行新政**。

白壽彝《中國通史》：「王莽……試圖按照古籍中所記各種制度，改變漢制。」

史稱**「王莽改制」**。

人民教育出版社《義務教育教科書・歷史七年級上冊教師教學用書》：「王莽代漢建新後，開始仿照周朝的制度推行新政，史稱『王莽改制』。」

無論是**政治制度**還是**經濟政策**，

通通**大整一番**……

人民教育出版社《義務教育教科書・歷史七年級上冊教師教學用書》：「（王莽）改革官制、田制、幣制、財稅制度和軍事制度。」

最後呢？

國家大亂！

白壽彝《中國通史》：「王莽的代漢，沒有使社會衰微破敗的局面有所改善，相反卻把政治經濟秩序搞得更加混亂。」

例如**官職改革**實行**績效報酬制**。

KPI

（關鍵績效指標）

簡單講就是，

地方農業收成多少，

就發多少薪水給官員。

《漢書．王莽傳》：「歲豐穰則充其禮，有災害則有所損，與百姓同憂喜也……郎、從官、中都官吏食祿都內之委者，乙太官膳羞備損而為節。諸侯、辟、任、附城、群吏亦各保其災害。」

這本來是**想鼓勵**地方官員

發展好當地**農業**的……

《漢書・王莽傳》：「幾上下同心，勸進農業，安元元焉。」

但你要知道那是**沒有**專業**會計的古代**。

《漢書・王莽傳》：「莽之制度煩碎如此，課計不可理。」

所以後來官員經常**領不到薪水**。

《漢書・王莽傳》：「吏終不得祿。」

反而去貪污盤剝農民……

《漢書・王莽傳》：『各因官職為奸，受取賕賂以自共給。』

還有貨幣制改革。

林劍鳴《秦漢史》：「在王莽的改制過程中『數改幣制』。」

廢除舊的銅錢，

《漢書・食貨志》：「莽即真……乃罷錯刀、契刀及五銖錢。」

然後國家**統一發行貨幣**。

《漢書．食貨志》：
「而更作金、銀、龜、貝、錢、布之品，名曰『寶貨』。」

光幣種就有**28種**。

《漢書．食貨志》：
「凡寶貨五物，六名，二十八品。」

加上**天災人禍**……

白壽彝《中國通史》：
「在王莽從居攝到滅亡的二十年間，水旱蝗災和一道道掠民虐民的詔令接踵不斷地向民眾頭上壓來。」

到王莽喵**統治後期**，
每斛米價值竟高達**黃金一斤**。

《後漢書．光武帝紀》：
「王莽末……黃金一斤易粟一斛。」

喵民們苦不堪言……

白壽彝《中國通史》：
「王莽的新政搞得天下騷動，四鄰不安，民不聊生，國無寧日。」

在這樣的**慘狀**之下，
農民起義最終爆發了！

白壽彝《中國通史》：
「不堪忍受的痛苦，點燃了人民反抗的怒火。」

各地喵民**紛紛**起而**反抗**！

白壽彝《中國通史》：「幾年之間，各地義軍掀起的反抗浪潮風起雲湧，此起彼伏，匯成浩大聲勢。」

而**反抗**的隊伍中
有兩支發展非常**迅猛**。

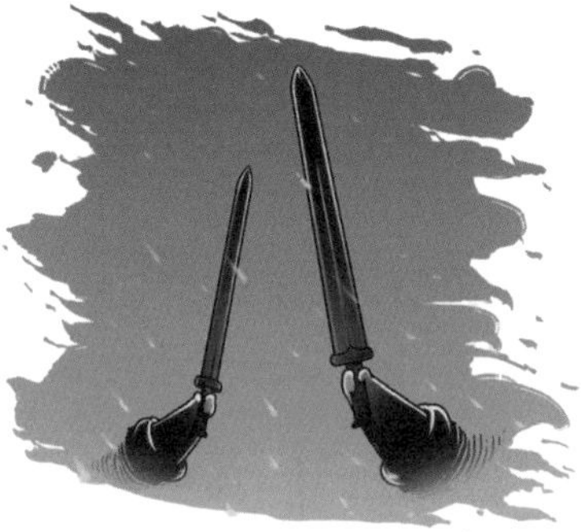

白壽彝《中國通史》：「兩支義軍聲勢最為壯大，是推翻王莽政權的兩支主要軍事力量。」

▷他們是誰呢？◁

（且聽下回分解。）

編者按

在專制時代，王莽多被視為亂臣賊子。班固在《漢書·王莽傳》的贊文中將王莽代漢評價為『篡盜之禍』，『篡位者』這個名號便在王莽身上掛了近兩千年。但回顧歷史可知，江山永固多是當時統治者的夢想，朝代更迭才是歷史常態。從理論上來講，改朝換代多用訴諸武力或和平過渡兩種方法。王莽以和平的方式代漢，避免了戰爭對百姓造成的傷害，這個部分是不可否認的。此後，曹氏代漢、司馬氏代魏、北宋代周都是效法王莽的成功案例。

新朝建立後，王莽進行了一系列改革，試圖讓天下大治。雖以失敗告終，但我們不能因此就對其徹底否定，尤其不能將『代漢』這種正常的朝代更替事件貶為『篡漢』。

王莽——花卷（飾）

參考來源：《漢書》、《後漢書》、《講談社·中國的歷史 03·始皇帝的遺產：秦漢帝國》、翦伯贊《秦漢史》、白壽彝《中國通史》、林劍鳴《秦漢史》、人民教育出版社《義務教育教科書·歷史七年級上冊教師教學用書》

附錄

【大科學家】

傳說王莽在位時支援飛行實驗，
主導了人體解剖，
還設計製作了度量長度的卡尺。

【王莽的偶像】

王莽最仰慕的人是周公，
他把自己炒作成「周公轉世」，
治國時也想仿照周制。

【國民偶像】

漢平帝時，
王莽曾婉拒朝廷封賞，
結果竟有487572人
上書頌揚他的功德並懇請他受賞。

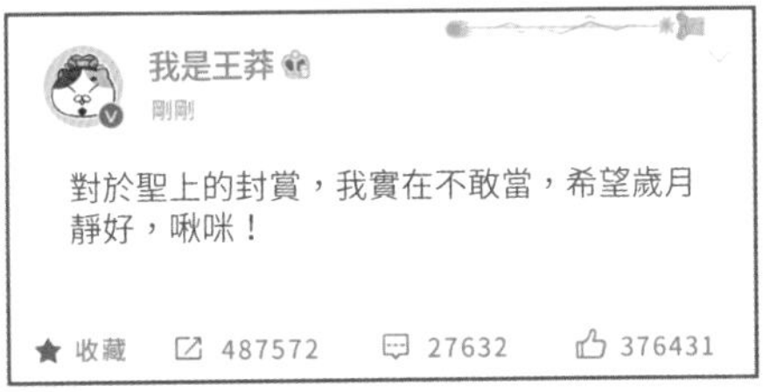
我是王莽
剛剛
對於聖上的封賞，我實在不敢當，希望歲月靜好，啾咪！
收藏
487572
27632
376431

群喵檔案

花卷小劇場

《需要幫忙嗎》

《花卷的煩惱》

花卷

獅子座

生日：8 月 15 日

身高：179 公分

最喜歡的花：牡丹

最愛的食物：炒飯

性格特點：性格開朗，
出手大方，內心細膩

（花卷擬人介紹）

花卷的店鋪
Huajuan's Shop

第三十七回◉風起綠林

西元8年，

歷經兩百多年的漢朝**政權**，

轟然倒塌……

王桐齡《中國全史》：
「（莽）廢孺子為定安公，
漢亡。時孺子嬰初始元年，
西曆紀元八年也。」

新朝政權，**代漢**而立！

漆俠《中國改革通史．秦漢卷》：
「（王莽）改國號為「新」，
以公元九年始元。」

然而，在**新朝倒行逆施**的統治下，

白壽彝《中國通史》：
「王莽的新政搞得天下騷動，四鄰不安，民不聊生，國無寧日。」

喵民們**受盡苦難**。

《漢書．食貨志》：
「富者不得自保，貧者無以自存。」

最終，起義爆發了。

白壽彝《中國通史》：
「天鳳元年……『三邊盡反』。次年，北方受難百姓『起為盜賊』。天鳳四年……四方不斷出現大規模起義。」

這之中有**兩支隊伍**最為**突出**。

白壽彝《中國通史》：「綠林、赤眉兩支義軍聲勢最為壯大。」

一支是發跡於**綠林山**的**綠林軍**。

白壽彝《中國通史》：「幾個月內，這支隊伍就集合了六七千人。他們以現在當陽境內的綠林山為根據地，被稱為『綠林兵』。」

一支則是以**紅眉毛**為標誌的**赤眉軍**。

白壽彝《中國通史》：「綠林興起的第二年，山東、蘇北一帶也爆發了武裝起義……為避免作戰時與敵軍相混，他們用礦物把自己的眉毛染成紅色，由此得名『赤眉軍』。」

這場讓**饑民、地主**都紛紛**加入**的大**運動**，

開始**攪動天下！**

白壽彝《中國通史》：「幾年之間，各地義軍掀起的反抗浪潮風起雲湧，此起彼伏，匯成浩大聲勢。」

而**一隻喵**的出現

更是加速了**歷史車輪**的**轉動**。

《中國歷史文獻研究集刊第三集》：「（其）與綠林軍……大敗王莽……取得推翻新莽政權的決定性勝利。」

他就是**劉秀喵！**

劉秀喵乃**漢高祖九世孫**。

《後漢書．光武帝紀》：
「世祖光武皇帝諱秀，字文叔，南陽蔡陽人，高祖九世之孫也。」

不過呢……後來因**家道中落**，

溫樂平《戰國秦漢消費經濟研究》：
「武帝時，為了加強中央集權，強化皇權，頒佈了『推恩令』……諸侯『子孫驕逸……靡有子遺，耗矣』……宣帝時，諸侯貴族子孫愈加衰落……王莽（代漢）後，漢室宗親、功臣貴族勢力遭受打擊，更為衰落。」

到**劉秀喵**一代就已經是**種田**的了……

《後漢書．光武帝紀》：
「光武年九歲而孤，養於叔父良……性勤於稼穡。」

劉秀喵從小**為人低調**，

甚至**算不上**有啥大**志向**。

李占峰《中國軍事謀略全集》：

「劉秀……為人謹慎寬厚，勤於稼穡，好像沒什麼抱負。」

他大哥倒是很**有志向**，

《後漢書·宗室四王三侯列傳》：

「齊武王縯字伯升，光武之長兄也。性剛毅，慷慨有大節。自王莽篡漢，常憤憤，懷復社稷之慮，不事家人居業，傾身破產，交結天下雄俊。」

並且常常**取笑他**。

整天種地，等以後幹大事，你來當我馬仔。
呃……

《後漢書·光武帝紀》：「（伯升）常非笑光武事田業。」

這隻**老實喵**只是想**迎娶白富美當上CEO***。

《後漢書·皇后紀》：「初，光武適新野，聞后美，心悅之。後至長安，見執金吾車騎甚盛，因歎曰：『仕宦當作執金吾，娶妻當得陰麗華。』」

*CEO：首席執行長，一家企業中負責日常事務的最高行政人員。

然而，命運**沒有如他所願**。

He llo

因為**沒多久，天下**……就開始**亂了**。

白壽彝《中國通史》：
「劉秀完成學業，從長安回到故鄉。那時，正面臨王莽統治即將崩潰的時候。」

老劉家被新朝所**取代**，

《講談社．中國的歷史03．始皇帝的遺產：秦漢帝國》：
「王莽……作為西漢末外戚勢力，通過禪讓實現王朝交替，成為皇帝。」

新朝**混亂的政策**引發的
農民起義愈演愈烈……

漆俠《漆俠全集．第一卷》：
「王莽統治的十多年中，賦役、征徭更加沉重……整個社會極度混亂……極度緊張的階級矛盾就以王莽的倒行逆施的改制作為導線，火山般地爆發起來，再度發展為全國性的階級戰爭。」

在這樣的情況下，

劉秀喵的**哥哥**決定動身**去幹大事**。

《後漢書·宗室四王三侯列傳》：「莽末，盜賊群起，南方尤甚。伯升召諸豪傑計議曰：『王莽暴虐，百姓分崩。今枯旱連年，兵革並起。此亦天亡之時，復高祖之業，定萬世之秋也。』」

本來作為一個**種田的**，

劉秀喵並**不想蹚**這**渾水**……

《後漢書·光武帝紀》：「光武避吏新野，因賣穀於宛。宛人李通等以圖讖說光武云：『劉氏復起，李氏為輔。』光武初不敢當。」

可**家裡人都**已經出去鬧事了……

白壽彝《中國通史》：「劉秀族兄劉玄參加了起義軍，劉秀長兄劉縯……起兵響應。」

所以無論他**鬧不鬧**，反正**都是死**……

於是乎，**劉秀喵**只能也跟著**起義了**。

白壽彝《中國通史》：「劉秀……於地皇三年十月起兵於宛城。」

當時的農民**起義軍**，大多是由**饑民組成**。

白壽彝《中國通史》：「西漢末年的農民起義，『……幾乎是一大群饑民。』」

一**開始**只是為了**組團挖野菜**，

白壽彝《中國通史》：「求生的農民成群結隊到低窪的沼澤地中尋找一種叫做鳧茈的草根果腹。」

或者**搶糧食**，

白壽彝《中國通史》：「饑民們無以為生，往往自發組織起來，搶掠度日。」

經過發展才成了**「軍隊」**。

綠林軍就是這麼一支鬆散的**農民軍**。

林劍鳴《秦漢史》：「開始，這一支饑民隊伍只有『眾數百人』，不久，其他地區的一些流民也聚到這裡……數月間達到八千人，他們以綠林山為根據地，所以名為『綠林軍』。」

不過作為**野路子**，
他們倒是**知道**自己**幾斤幾兩**……

白壽彝《中國通史》：「由於歷史條件的局限，他們一致認為，只有推舉西漢皇族人員為領袖，以興複漢室為口號，才能取得全國人民的擁護。」

於是當**劉秀喵**這些接受過
教育的漢室後代**加入後**，

簡歷
姓名：劉秀
性別：公
年齡：二十八
籍貫：南陽
學歷：大學
自我評價：
我……曾曾曾曾曾曾曾祖父是開國皇帝

白壽彝《中國通史》：「漢宗室、南陽大地主劉縯、劉秀兄弟也在舂陵組織起七八千人的地主武裝，舉起了反莽大旗。」

隊伍很快就**煥然一新**了！

綠
綠
綠
綠
嚯！

白壽彝《中國通史》：「貴族地主的加入，壯大了反莽鬥爭的力量。他們具有較高文化修養，較強的組織能力與豐富的鬥爭經驗。在他們的組織和影響下，起義隊伍面目煥然一新，戰鬥力量有了很大增強，鬥爭目標也更為明確。」

他們開始**倚靠**復興
劉氏江山的旗號**迅速發展**。

復漢
反新
綠

白壽彝《中國通史》：「劉玄被擁立為皇帝……發佈復興劉氏江山的政治號召。」
《後漢書・劉玄劉盆子列傳》：「是時海內豪傑翕然響應，皆殺其牧守，自稱將軍，用漢年號，以待詔命，旬月之間，遍於天下。」

不僅**連打勝仗**！
規模也**越來越大**！

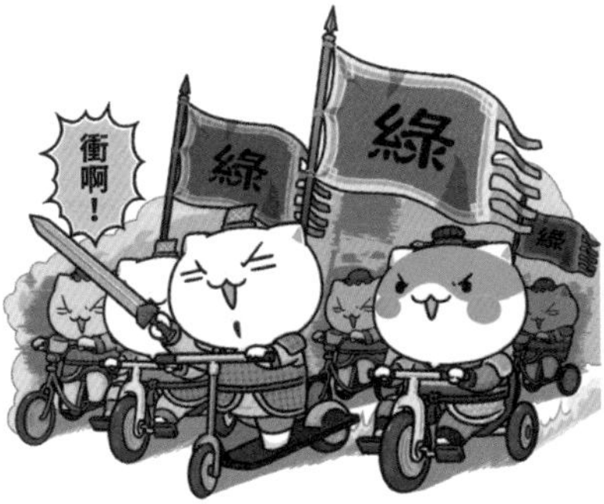

《漢書．王莽傳》：
「四月，世祖與王常等別攻潁州，下昆陽、郾、定陵。」
白壽彝《中國通史》：
「義軍勢力……迅速發展。」

這股崛起的**勢力**開始**威脅**
到新朝**中央政權**。

《漢書．王莽傳》：
「莽聞之愈恐。」

於是乎，四十二萬**中央軍**開始**集結**！

殺向綠林軍！

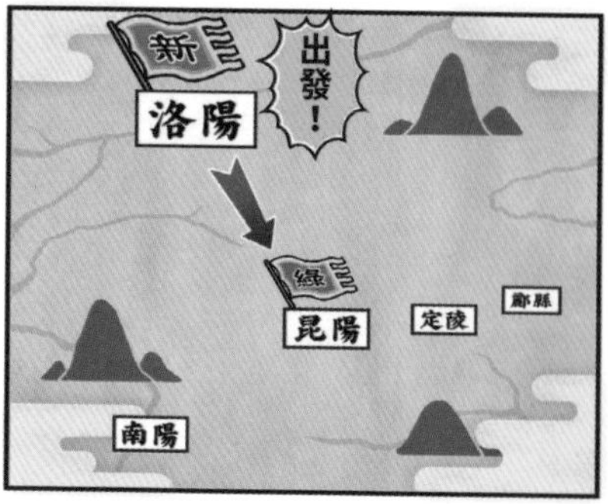

白壽彝《中國通史》：『劉秀等人……佔領了昆陽。』

漆俠《漆俠全集・第一卷》：『一兩月內，洛陽就匯集了四十二萬（莽）軍……直逼昆陽。』

可這時的**綠林軍**……主力卻在**別的地方！**

白壽彝《中國通史》：『劉縯與更始軍（綠林軍）主力正在圍攻宛城（南陽）。』

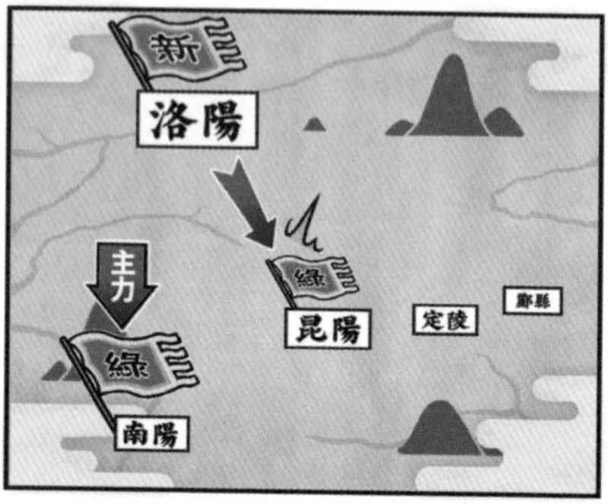

大軍殺來的消息，

把綠林軍嚇得**心態**都**崩了**……

《後漢書・光武帝紀》：「諸將見尋、邑（王莽軍將領王尋、王邑）兵盛，反走，馳入昆陽，皆惶怖，憂念妻孥，欲散歸諸城。」

幸虧這時，

劉秀喵**站了出來！**

他帶著**小部隊**衝出城外，**搬救兵！**

《後漢書．光武帝紀》：「光武……夜自與驃騎大將軍宗佻、五威將軍李軼等十三騎，出城南門，於外收兵。」

你要知道人家**中央軍四十二萬**喵。

《漢書．王莽傳》：「定會者四十二萬人，餘在道不絕，車甲士馬之盛，自古出師未嘗有也。」

劉秀喵的十幾人**小部隊**

並沒有被放在眼裡。

可**結果呢**，

中央軍被狠狠地**打了臉！**

因為**大軍壓境**，

綠林軍這邊沒得選，

只能玩命！

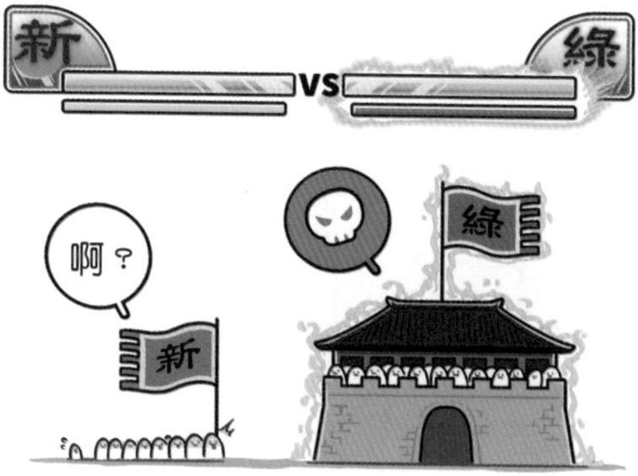

白壽彝《中國通史》：「被圍於昆陽城中的義軍諸將在劉秀勸導下，決心以八九千人固守城池，與王邑大軍對抗。」

劉秀喵**帶回來**的小股**救兵**衝進
中央軍中心**瘋狂砍殺**。

《後漢書．光武帝紀》：「光武遂與營部俱進，自將步騎千餘，前去大軍四五里而陳……光武奔之，斬首數十級……光武復進，尋、邑兵卻，諸部共乘之，斬首數百千級。連勝，遂前。」

四十二萬**大軍**竟然被砍得**無還手之力**。

《漢書．王莽傳》：「尋、邑……與漢兵戰，不利。」

而且劉秀喵**散佈謠言**，
表示**主力部隊**快要**回來**了。

《後漢書．光武帝紀》：「（劉秀）乃偽使持書報城中，云『宛下兵到』。」

突然，
一邊**士氣高漲**，
一邊**手忙腳亂**。

《後漢書・光武帝紀》：
「諸將既經累捷，膽氣益壯，無不一當百。」
《漢書・王莽傳》：
「漢兵乘勝殺尋。昆陽中兵出並戰，邑走，軍亂。」

中央軍**潰敗**，
從此新朝政權的**主力被消滅**。

《後漢書・光武帝紀》：
「莽兵大潰。」
白壽彝《中國通史》：
「劉秀以少勝多，擊潰王莽的有生力量，使雙方力量對比發生了根本變化。」

劉秀喵則在這場**以少勝多**的戰役中，

一戰成名！

白壽彝《中國通史》：「劉秀在此戰中顯出了軍事才能，大大提高了他的聲望和地位。」

然而……這份喜悅**還沒來得及慶祝**……

一場**災難悄然而至**……

白壽彝《中國通史》：「劉秀……強作笑臉，馳赴更始皇帝駕前謝罪。」

這又是怎麼回事呢？

（且聽下回分解。）

編者按

不少人常給歷史人物貼「標籤」，而劉秀身上最著名的標籤莫過於「位面之子」，大意為「此位面（獨立宇宙）賦予特殊意義而誕生的生命，集氣運而生」。之所以這麼說，大概是因為劉秀無與倫比的好運氣。如昆陽之戰中，「（莽軍）圍之數十重，列營百數……夜有流星墜營中，晝有雲如壞山，當營而隕，不及地尺而散，吏士皆厭伏」（《後漢書》）。意思是：綠林軍不敵莽軍，突然天降異象；夜晚流星墜入敵營，白天雲朵像山崩一樣墜落，嚇得莽軍都趴在地上。（注：此描述僅見於《後漢書》《東觀漢記》，無其他史料佐證。）遂成坊間笑談。

劉秀——麻花（飾）

參考來源：《漢書》、《後漢書》、《講談社·中國的歷史 03·始皇帝的遺產：秦漢帝國》、《中國歷史文獻研究集刊·第三集》、白壽彝《中國通史》、王桐齡《中國全史》、漆俠《漆俠全集·第一卷》及《中國改革通史·秦漢卷》、溫樂平《戰國秦漢消費經濟研究》、李占峰《中國軍事謀略全集》

附錄

【大吉之人】

史書記載劉秀出生時紅光滿屋，
有算命先生說，
這是「吉不可言」的大福兆。

【美夢成真】

劉秀少年時曾對
美女陰麗華一見傾心，
感嘆「娶妻當得陰麗華」，
他29歲時終於得償所望。

【騎牛將軍】

由於軍隊太窮，
劉秀剛參軍時只能騎牛打仗，
一直到打了第一場勝仗後
才有馬可騎。

群喵檔案

煎餅小劇場

《打牌》

《煎餅的弱點》

煎餅

雙魚座

生日：3 月 3 日

身高：182 公分

最喜歡的花：櫻花

最愛的食物：馬卡龍

性格特點：細緻靦腆，很容易緊張

（煎餅擬人介紹）

煎餅的店鋪
Jianbing's Shop

第三十八回◉光武復國

漢末的動盪，

人民教育出版社《義務教育教科書・歷史七年級上冊教師教學用書》：
「時至元、成、哀、平時期，各地豪強地主仗勢欺壓人民，兼併土地，迫使百姓流離失所，淪為奴婢……西漢統治已窮途末路。」

使它被**新朝**所**取代**。

白壽彝《中國通史》：
「王莽……推翻了西漢政權，建立起王氏的新朝。」

然而，這個**新**建立的**政權**，

卻在短短**十五年後**，
葬送在大規模的**起義運動中**。

《中國古代稅收思想史》：
「『新』王朝維持了十五年
的統治，最後失敗，王莽本
人被農民起義軍所殺。」

這個王朝的**掘墓者**……
正是綠林軍將領——**劉秀喵！**

人民教育出版社《義務教育
教科書‧歷史七年級上冊教
師教學用書》：
「劉秀……與其兄在家鄉
乘勢起兵，加入綠林義
軍。」

在昆陽一戰中，

劉秀喵以**數萬**兵力打敗**四十二萬**新朝中央軍。

《後漢書・光武帝紀》：

「（王莽）遣大司徒王尋、大司空王邑將兵百萬，其甲士四十二萬人。」

人民教育出版社《義務教育教科書・歷史七年級上冊教師教學用書》：

「（劉秀）在昆陽之戰中一舉殲滅了新莽王朝的主力。」

四十二萬主力軍的潰敗，

直接加速了**新朝**的**滅亡**。

王士立《中國古代史》：

「昆陽之戰消滅了王莽軍隊的主力，為推翻新朝政權奠定了基礎。」

劉秀喵因此名震天下！

白壽彝《中國通史》：

「劉秀在此戰中顯出了軍事才能，大大提高了他的聲望和地位。」

可這事**還沒來得及慶祝**……

劉秀喵**他哥**就**被砍了**……

馬東峰《用年表讀懂中國史》：「昆陽大捷後……不久，精明強幹又位高權重的劉縯被殺。」

究其原因，
只能說劉秀喵和他哥**工作能力**
實在**太強**……

他們哥倆的強大，

使綠林軍頭目們不得不**忌憚他們**。

《後漢書．劉玄劉盆子列傳》：「（綠林）忌伯升威名，遂誅之。」

哥哥招來了殺身之禍。

劉秀喵**為了保住自己的性命**，

也只能**忍氣吞聲**了。

白壽彝《中國通史》：「劉縯被殺，劉秀雖滿腔悲憤，但以（因為）勢力孤單，只得隱忍不發，繆為恭順。」

而自從新朝**垮臺**後，綠林軍便**佔領了王都**。

白壽彝《中國通史》：「更始元年九月，綠林軍攻克長安，王莽被殺……更始二年，（綠林軍）從洛陽徙都長安。」

（注：綠林軍建立更始政權，為方便理解以下皆稱綠林軍。）

然後**迅速腐敗**……

林劍鳴《秦漢史》：「（綠林軍）所任命的官吏……一旦得勢，忘乎所以，竟穿著華麗內衣、錦袴，口出汙言穢語往來於道中……反映了其內部的腐化。」

這不僅讓**喵民們**對他們**大失所望**，

白壽彝《中國通史》：「百姓對他們（綠林軍）大失所望。」

也讓**其他**的**起義軍**看到了爭奪天下的**希望**。

白壽彝《中國通史》：「擁兵自重的地方割據勢力卻看到了爭奪天下的希望。」

在**當時**的局勢下，**除了綠林軍外**，

還有一支叫**赤眉軍**的農民**起義軍**。

白壽彝《中國通史》：「綠林、赤眉兩支義軍聲勢最為壯大，是推翻王莽政權的兩支主要軍事力量。」

兩方都是能**爭奪天下**的**武裝勢力**。

馬東峰《用年表讀懂中國史》：「（起義軍）中規模最大的，就是綠林軍和赤眉軍兩支起義隊伍。」

可當時有一個**說法**——

ㄉㄟˊ　ㄉㄟˊ　ㄏㄜˊ ㄅㄟˊ

得不得，在河北

* 此處為方言讀音。

《後漢書·五行》：「更始時，南陽有童謠曰：『得不得，在河北。』」

意思就是只有**搞定河北**地區，
天下才算**到手**。

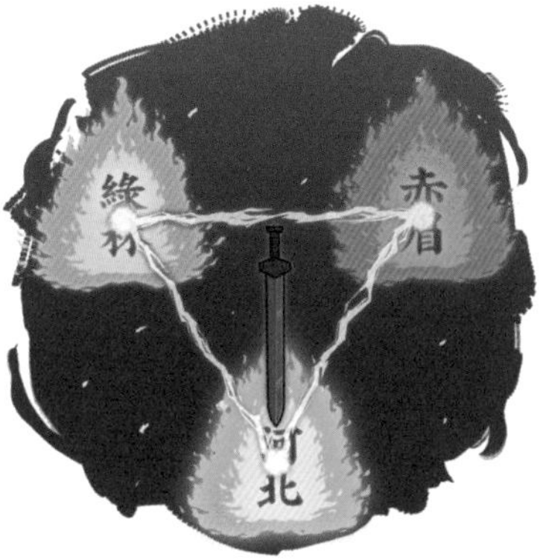

綠林軍是**想要拿下河北**的。

《後漢書·宗室四王三侯列傳》：「更始欲令親近大將徇河北。」

於是乎，在人才匱乏的時候，
咱們的**劉秀喵**就被**派去收河北**了。

白壽彝《中國通史》：「繼以劉秀行大司馬持節過河，招撫河北諸州郡。」

這對於劉秀喵來說，
不僅可以**避免殺身之禍**，

更可以**脫離**綠林軍的**控制**。

《劍橋中國秦漢史》：「這樣就使劉秀擺脫了更始帝的直接控制，並使他能夠獨樹一幟。」

而劉秀喵去河北**沒多久**，
綠林和**赤眉**就**戰起來了**。

白壽彝《中國通史》：「赤眉軍開到長安東北，要與更始軍見個高低。」

最終**赤眉打敗綠林，佔領了王都**。

白壽彝《中國通史》：「更始三年九月，赤眉軍攻克長安，劉玄（更始皇帝）投降。」

可這倆起義軍都**一個樣**……
成功上位的赤眉軍也**迅速腐敗**。

白壽彝《中國通史》：「赤眉軍佔領長安後，重蹈更始覆轍……將領們忙於論功行賞，無紀律約束的兵士則經常在長安內外搶劫財物，欺淩居民。」

甚至比綠林**還過分**……

還有簽名CD！
把漫畫也交出來！
別想藏起來！

王桐齡《中國全史》：「赤眉久掠長安，城中食盡……收載珍寶，縱火燒宮室市里，恣行掠殺。」

喵民們**再次失望**……

白壽彝《中國通史》：「已對更始政權失望的群眾再一次失望了。」

我的十周年手辦！
我的簽名版限量CD！
還給我！我的小櫻！
爸爸我的鋼彈……

幸好這個時候，劉秀喵**回來了！**

我回來了！

而且是帶著**河北雄兵**回來的！

白壽彝《中國通史》：
「河北地區義軍主力被劉秀消滅殆盡，河北地區亦盡歸其所有。」「（劉秀）出動大軍渡河南征。」

綠林軍**被赤眉軍**打敗後，

他便**舉兵南下，收編**綠林軍**殘部**。

綠林
赤眉
-1
+1

白壽彝《中國通史》：「公元二十五年……劉秀收降了扼守洛陽的更始部隊。」

林劍鳴《秦漢史》：「更始帝投降赤眉……赤眉入長安。」

等到**赤眉上臺**……

全天下的小魚乾都是我們的！

秀喵就沒有動靜，**看著**他們**找死**。

別搶我手辦！
媽媽！我的CD！
BOOM

等**百姓恨透赤眉軍**的時候，

翦伯贊《中國史綱要》：「長安附近的豪強地主隱匿糧食，武裝抵制赤眉。赤眉軍……西走隴阪，企圖獲得出路。」

翦伯贊《中國史綱要》：「赤眉在（隴阪）受到割據勢力隗囂的阻擋和風雪的襲擊，折返長安，引眾東歸……劉秀的軍隊已經扼守洛陽以西地區，截斷了赤眉東歸道路。」

秀喵再下**令伏擊他們**……

不到三年的時間，
劉秀喵**吞下了綠林和赤眉**兩大兵團，
戰鬥力暴漲！

汪受寬《甘肅通史・秦漢卷》：「（公元二十五年）光武帝收降更始政權在洛陽的部隊。」
白壽彝《中國通史》：「赤眉軍……公元二十七年被劉秀鎮壓。」

憑藉著**強大的實力**，

其他地方割據勢力被**逐個平定**。

白壽彝《中國通史》：

「（劉秀）採取各個擊破的戰略方針進攻南北各地的封建割據勢力。從建武五年至十二年之間，陸續消滅掉漁陽的彭寵，南郡的秦豐，梁地的劉永，齊地的張步，盧江的李憲，東海的董憲，漢中的延岑，夷陵的田戎，隴西的隗囂，安定的盧芳和巴蜀的公孫述。」

破碎的天下終於**回歸了一統**。

翦伯贊《秦漢史》：

「中國的歷史，又由紛亂轉入統一的局面了。」

這正是劉秀喵**開創**的**東漢政權**。

翦伯贊《中國史綱要》：

「劉秀建立東漢王朝……恢復了漢朝的統治。」

作為一個**從田地**裡**奮鬥上來**的皇帝，

林劍鳴《秦漢史》：「劉秀本人就是南陽大地主……經營土地和商業。」

他不僅**善待功臣**，

林劍鳴《秦漢史》：「劉秀對大小功臣均『優以寬科，完其封祿』給其優厚禮遇。」

也**善待百姓**。

人民教育出版社《義務教育教科書·歷史七年級上冊教師教學用書》：「劉秀深受儒家、道家思想影響，採用儒家『仁政』和道家『柔弱勝剛強』方略治國，順應民心。」

政局穩定後，
他**更是**實施了**輕徭薄賦**的政策。

人民教育出版社《義務教育教科書・歷史七年級上冊教師教學用書》：「光武……實行輕徭薄賦之法，保持政策的穩定和持續。」

人民教育出版社《義務教育教科書・歷史七年級上冊教師教學用書》：「劉秀推行『偃武修文』的國策。」

文化建設也被大力提倡。

到東漢中後期，
太學生就有**三萬多人**。

范文瀾《中國通史簡編》：「劉保（漢順帝）以後，太學擴大到二百四十房，一千八百五十室，學生三萬餘人。」

為**東漢**成為一個**史無前例**的
文化大國**打下**堅實**基礎**。

他是華夏史上**唯一一個**，
集**中興君主**和**開國皇帝**於一身的**帝王**。

林劍鳴《秦漢史》：
「從此，劉秀就成為東漢王朝的第一代皇帝——漢光武帝。」
人民教育出版社《義務教育教科書‧歷史七年級上冊教師教學用書》：
「（劉秀）奠定了東漢王朝近兩百年的基業，史稱『光武中興』。」

而**東漢**這麼**好的開局**，
後面的發展又會怎樣呢？

人民教育出版社《義務教育教科書‧歷史七年級上冊教師教學用書》：
「東漢社會出現了繁榮的跡象。」

（且聽下回分解。）

編者按

根據《漢語大詞典》，西漢自劉邦稱帝起至王莽代漢止，定都長安；東漢自漢光武帝劉秀起至漢獻帝止，定都洛陽。因長安、洛陽一西一東，故史上分別稱西漢、東漢。兩漢在西元前以及西元後各歷時約兩百年，中間由新莽政權隔開。是否能將之視為一個朝代，史學界未有定論。但在當時的人看來，劉秀乃劉室後人，是『中興之主』，天下也始終是劉姓漢室的天下。兩漢則為自秦到清延續時間最長的朝代。

兩漢時期是一個偉大的歷史時期。絲綢之路讓漢朝聲名遠播，外族開始稱呼漢民族為『漢人』，『漢』也從此成為華夏族之名。

劉秀——麻花（飾）

參考來源：《後漢書》、《劍橋中國秦漢史》、《中國古代稅收思想史》、白壽彝《中國通史》、王士立《中國古代史》、馬東峰《用年表讀懂中國史》、林劍鳴《秦漢史》、王桐齡《中國全史》、翦伯贊《中國史綱要》、汪受寬《甘肅通史．秦漢卷》、範文瀾《中國通史簡編》、人民教育出版社《義務教育教科書．歷史七年級上冊教師教學用書》

附錄

【最低調的皇帝】

光武帝時，
各地經常上書稱天降祥瑞，
但劉秀說自己無德，
不准史官記錄宣揚這些事件。

【銅馬帝】

劉秀擊破並收編河北一帶
強大的銅馬起義軍之後，
實力暴增，
被當時的人稱為「銅馬帝」。

【奴婢救星】

東漢以前，
豪強大族喜歡畜養奴婢，
劉秀復國後曾九次下詔釋放奴婢，
讓大量奴婢重獲自由。

群喵檔案

年糕小劇場

《純情男孩》

放手！
我要離開你！
呵呵！老套，接下來要接吻了吧？
請不要走！
我……愛你！
我就知道要開始了。
親愛的……
(親吻中。)
他們親完了嗎？
摀
雖然年糕知道的東西很多，卻意外很純情……
還沒……
親完了叫我哦。

《年糕的最愛》

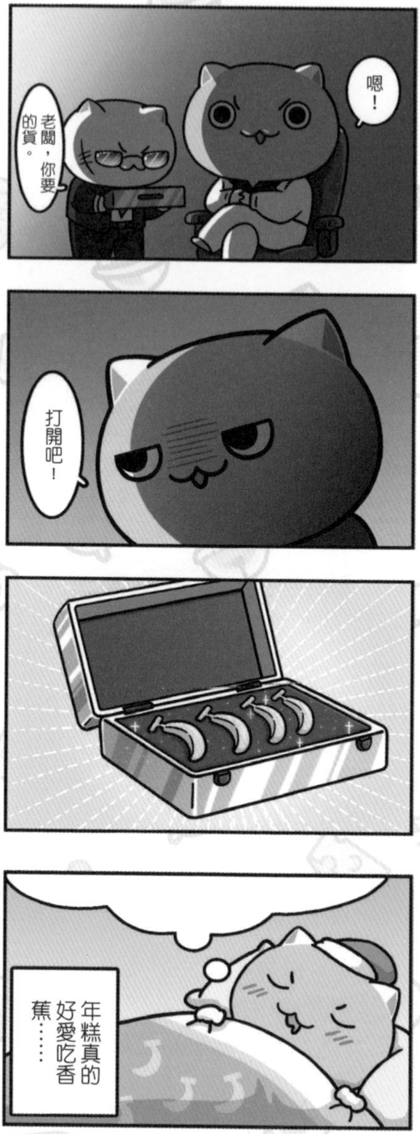
老闆，你要的貨。
嗯！
打開吧！
年糕真的好愛吃香蕉……

年糕

處女座

生日：9 月 8 日

身高：181 公分

最喜歡的花：海棠

最愛的食物：香蕉

性格特點：很八卦，很好學，也很嘮叨

（年糕擬人介紹）

年糕的店鋪
Niangao's Shop

下回再見！

第一卷
《如果歷史是一群喵·夏商西周篇》

第二卷
《如果歷史是一群喵·春秋戰國篇》